남 앞에서
떨지 않고
말하게
해주는 책

HITOMAEDE BIKUBIKU · ODOODOSEZUNI HANASERU HON
by Hideyuki Kanai
Copyright ⓒ 2001 by Hideyuki Kanai
Original Japanese edition published by Subarusya Corporation
Korean translation rights arranged with Subarusya Corporation
through Shin Won Agency Co., Seoul.
Korean translation right ⓒ 2017 by Kugil Publishing(Kugil Media) Co., Ltd.

상대방을 사로잡는
강력한 화술!

남 앞에서
떨지 않고
말하게
해주는 책

카나이 히데유키 지음 | **최현숙** 옮김

국일미디어

일찍이 우리는 연공서열(年功序列) 사회를 살아왔습니다. 당연히 근속년수가 길어질수록 사회적인 지위도 올라가고, 그와 더불어 사람들 앞에서 이야기할 기회도 많아졌습니다.

요즘은 사람들 앞에서 말하기를 제대로 하지 못하면 사회적인 지위도 쟁취할 수 없는 시대가 되고 말았습니다. 일반 직장만 하더라도 조회, 기안 설명회, 업무회의, 입사, 퇴직, 조합, 관혼상제, 보고회의, 표창식, 회식 등 공개적인 자리에서 말할 기회는 셀 수 없이 많습니다.

사람들 앞에서 이야기할 기회가 늘어나고 그 의의와 중요성 또한 높아지는데, 이런 세상의 흐름을 따라가지 못하고 너무 긴장한 나머지 사람들 앞에만 서면 자신의 능력을 마음껏 발휘하지 못하는 사람들이 의외로 많습니다. 중요한 회의나 기안 설명회에서 너무 긴장해 버려 실력을 발휘하기는커녕 실수하여 사람들의 신뢰와 존경을 잃는 안타까운 경우도 있습니다. 결국에 가서는 사회적인 지위까지 잃게 되고 그동안의 고생이 물거품이 되어버리기도 하는 것이지요.

한 기업에 근무하는 A과장은 업무에 관한 한 능력도 있고 근무태도도 성실하여 사장의 신임을 받고 있었습니다. 그러던 어느 날, 77번째 생일을 맞이한 사장이 늘 신세를 지던 거래처 사람들을 초대하여 성대한 잔치를 열기로 했습니다. 이날의 사회자로 사장의 신임을 받는 A과장이 지명되었습니다.

그런데 일도 잘하고 태도도 성실한 이 A과장에게는 유일한 결점이 있었습니다. 바로 사람들 앞에만 서면 긴장하는 성격이었습니다. 아니나 다를까, 그날도 A과장은 잔뜩 긴장했는지 마치 뜨거운 물에 데쳐놓은 시뻘건 문어 같은 꼴이었습니다. 귀빈의 인사말도 건너뛰었고, 거래처 손님의 이름과 회사 이름을 틀리게 말하기도 하여 듣고 있던 사장은 등줄기에 식은땀을 흘려야 했습니다.

그 일이 있은 후 A과장은 곧바로 지방 도시로 좌천되어 사장의 관심 밖으로 밀려났습니다.

또 어느 국립대학의 대학원생인 B는 성적도 좋고 자질도 뛰어났지만 쉽게 긴장하는 성격 탓에 면접시험과 같은 중요한 자리에서 일을 그르치기 일쑤였습니다. 기업의 신입사원 모집 필기시험에서 좋은 성적을 거두고도 늘 면접시험에서 탈락하곤 했습니다. 시험관 앞에만 나가면 얼굴이 시뻘겋게 달아오르고 다리가 부들부들 떨려 말 한마디 제대로 하지 못하는 지경에까지 이르렀던 것이었지요.

자기보다 성적이 떨어지는 친구들은 대기업에 척척 취직이 되어 사회로 진출하고, 홀로 남겨진 B는 어쩔 수 없는 차선책으로 대학원에 진학한 것이었습니다.

이렇게 쉽게 긴장하는 성격 탓에 찾아오는 불행한 사건은 수없이 많습니다. 최근 들어 특히 이런 경향이 높은데, 대체 그 원인은 어디에 있는 것일까요?

현재 우리의 생활환경을 둘러보세요. 지하철역의 개찰구, 은행, 주차장, 자동판매기 같은 많은 공공시설에는 사람이 배치되어 있지 않고 무인화 시스템으로 작동되고 있습니다. 그러다 보니 다른 사람과 말을 주고받지 않아도 볼일을 끝낼 수 있는 현실입니다. 집에 돌아와서도 컴퓨터, 텔레비전, 휴대폰 등을 하며 가족과도 접촉하지 않고 시간을 보내는 일이 많아졌습니다.

사실 현대는 '무언의 커뮤니케이션'이 범람하고 있는 세상입니다. 이러한 이유만으로도 깍듯이 격식을 차려야 할 장소나 많은 사람 앞에서 긴장하고 두려움에 사로잡히는 것은 어찌 생각해 보면 당연한 일인지도 모릅니다.

사람들 앞에서 얼굴이 벌겋게 상기되어 창피를 당하는 것으로 끝나면 그나마 다행입니다. 문제는 그 사건이 그 뒤로도 계속 암울한 그림자를 길게 드리운다는 사실입니다.

쉽게 긴장하는 사람은 대인 공포증이 점점 심해져 모든 일에 적극성이 없어지고, 결국에는 소극적인 성격이 되어 버립니다. 사람들 눈에 띄는 곳에는 가려 하지 않고, 다른 사람과 눈길을 마주치는 일조차 피합니다. 이런 사람은 적극적인 사람과 비교할 때 소중한 인생에 있어 커다란 손실을 자초하고 있습니다.

그런데 이 모든 일은 다름 아니라 서툰 말솜씨 때문에 빚어지는 결과입니다.

침착성을 잃거나 쉽게 흥분하는 성격을 고치기 위해서는 능숙한 화법을 익혀 자신감을 가져야 합니다. 그리고 그것을 통해 소극적인 성격을 적극적인 성격으로 개조하는 것이 최선의 길입니다.

이 책은 필자가 운영하고 있는 '화법교실'의 수강생들과 함께 겪었던 체험담을 소개하면서 누구나 쉽게 말하는 방법을 터득할 화법 이론과 그 실천방법을 구체적으로 정리한 것입니다.

이 책이 여러분의 인생에서 큰 활약을 펼치는 데 일조를 한다면 정말 기쁘겠습니다.

카나이 히데유키

차례

3장 긴장하지 않기 위해 필요한 준비

쉽게 긴장하는 성격이
소극적인 사람으로 만든다

쉽게 긴장하는 성격은 인생의 큰 마이너스 요인이다

쉽게 긴장한다는 것은 '심장신경증'이다

최근 의학계에서는 현대인에게 늘고 있는 '심장신경증' 문제가 큰 화제가 되고 있다. 심장신경증 환자는 심장이 마구 뛰거나, 숨을 헐떡거리거나, 가슴의 통증을 느끼고 때로는 실신까지 하는 증상을 호소한다. 아무래도 심장에 이상이 생겼나 싶어 검사를 하지만 심장에는 아무런 이상을 발견할 수 없다는 말뿐이다.

이런 증상에 대해 의학계에서는 심장신경증이라는 이름을 붙였는데, 실제로 이 증상을 호소하는 환자가 끊이질 않는다고 한다.

사람들 앞에 서면 심장이 마구 뛰면서 숨이 가빠오고 통증을 느껴요.

　부하 직원의 결혼식에 주례를 서기로 했는데, 식장에 가기 바로 직전 심장이 심하게 고동치면서 숨이 턱까지 차올라 구급차에 실려 병원으로 이송되었습니다. 그 일이 있은 뒤로 이따금씩 발작이 일어나 사람들 앞에 나가거나 공식행사에 참가하는 것이 불안합니다. 업무를 볼 때에도 점점 자신감이 떨어지는 것 같습니다.

　도대체 어디가 나빠진 것인지 알 길이 없습니다. 병원에서는 심장에 이상이 없다는 진단결과가 나오기는 했습니다.

(회사 관리직·42세·남성)

　'화법교실'에 출석하는 한 수강생의 하소연인데, 이것은 전형적인 심장신경증 증상이다.

　심장신경증이란 '긴장한 나머지 흥분하는' 증상을 말한다. 지금 우리는 남녀노소를 불문하고 다른 사람 앞에서 이야기해야 하는 경우가 옛날보다 훨씬 많아지고 있는 시대를 살고 있다. 그렇기 때문에 이런 증상을 호소하는 환자가 늘고 있는 것이다.

누구나 긴장을 하면 가슴이 쿵쾅쿵쾅 뛰고 맥박이 빨라진다. 평소 스트레스가 많거나 과로가 겹쳐 있다면 심장은 더욱 심하게 고동치거나 숨이 가빠지는 증상을 일으키게 되는데 그러면 혹시 심장이 나빠진 것은 아닐까 하는 불안감에 병원으로 달려가게 된다. 하지만 대개는 아무런 이상도 찾을 수가 없다.

그러나 신경질적이고 과민한 사람이라든가, 가족이나 친척 중에 심장병으로 죽은 사람이 있다던가 하면 자기도 심장병에 걸린 게 아닐까 하는 불안을 느낄 수밖에 없고 이 불안감은 또 다음번의 나쁜 증상을 일으키는 원인을 제공하고 있다.

'긴장한 나머지 흥분하는' 증상은 자신도 전혀 깨닫지 못한 채 악순환된다. 숨이 가빠오는 고통에 휩싸인다거나, 갑자기 호흡곤란에 빠진다거나, 현기증 같은 증상을 일으킨다.

이것을 현대병의 하나로 간주한 의학계는, 우리가 일상생활을 하면서 극도로 긴장감을 갖지 않도록 주의를 주고 있다.

쉽게 긴장하는 성격은 많은 사람의 고민

긴장하는 성격이 소극적인 인간을 만든다

사람들 앞에 나가면 '긴장하여 얼굴이 벌겋게 달아오르는 증상'은 단순히 그 당시만의 문제가 아니라, 그 뒤에도 일상생활 속에서 정신적으로든 육체적으로든 커다란 마이너스 결과를 불러오고 있다.

사람들 앞에 서야 하는 공포감을 견디지 못해 적극성이 떨어지고, 결국은 스스로 자신을 소극적인 인간으로 만들어 내는 사람이 많은 것이다.

소극적인 인간은 일에 대한 실패, 인간관계에서의 고민과 후회 등 잡념이 많아 자기 자신의 귀중한 인생에 막대한 손실을 끼친다.

다음은 화법교실에 나오고 있는 수강생들 가운데 쉽게 긴장하는 성격 때문에 심각한 고민에 빠져 있는 경우를 몇 가지 소개하고자 한다.

목소리가 떨려서 듣는 것도 거북한 상태가 돼요

사례

저는 업무상 사람들 앞에서 의견을 말할 기회가 많은데, 다른 사람 앞에서 이야기를 하거나 문장을 읽거나 할 때 꼭 목소리가 떨리면서 흥분을 하고 맙니다. 듣기에도 참으로 거북한 상태가 되는 거지요.

속으로 '흥분해선 안 돼, 침착해야 해!'라고 외쳐보지만, 아무리나 자신을 타일러도 오금이 저려오면서 심장이 떨리는 걸 막을 수가 없습니다. 제가 말할 차례가 되면 이러다 심장이 터지는 건 아닐까 싶을 정도로 쿵쾅쿵쾅 방망이질을 합니다.

중학교, 고등학교 시절부터 현재에 이르기까지 사람들 앞에 서면 늘 이런 지경입니다. 앉아서 듣고 있는 사람들이 분명 날 바보로 여길 거라 생각하면 다리가 후들거려 더 이상 버틸 힘이 없어집니다. 앞으로 일생 동안 이렇겠지 생각하니 죽어버리고 싶으리만큼 한심해집니다.

(회사원·34세·남성)

과장이 된 T, 아직 계장인 나

저는 회사 동료인 T와 유럽을 둘러보고, 귀국 후에는 전무를 비롯한 간부들 앞에서 시찰보고를 하게끔 되어 있었습니다.

귀국하는 대로 시찰보고가 있다는 걸 잘 알고 있었기 때문에 여행 내내 이것이 신경 쓰여 견딜 수가 없었습니다. 다른 사람 앞에서 이야기할 때면 너무 긴장한 나머지 말을 더듬거리고 심할 때에는 말이 입 밖으로 나오지 않는 성격을 잘 알고 있었기 때문입니다.

마침내 시찰보고가 시작되고, 맨 처음 제가 호명되었습니다. 후들거리는 다리를 간신히 끌면서 앞으로 나갔지만 심장이 두근거리고 호흡이 가빠오는 것을 저 자신도 느낄 수 있었습니다. 보고할 내용은 일단 준비가 되어 있었지만 마이크를 잡는 순간 긴장은 절정에 달하였고, 머릿속은 텅 비어버렸습니다.

"아…… 그러니까 그게…… 그러니까……."

무슨 말이든 해야겠는데 어떻게 말해야 할지 몰라 꿀 먹은 벙어리가 되고 말았습니다. 결국 기다리다 지친 전무가 소리를 버럭 질렀습니다.

"됐네. 도대체 뭘 보고 온 건가? 좀 성실히 못 하나!"

이번엔 T가 앞에 나가 보고를 시작했습니다. T는 아주 침착하고 일목요연하게 이야기를 했습니다. T의 보고를 들으면서 저는 패배감과 굴욕감에 휩싸였습니다.

'이럴 줄 알았으면 아예 처음부터 해외시찰 같은 건 가지 말았어야 했는데…….'

후회만이 가슴에 파동 치고 있을 뿐이었습니다.

시찰보고 후 T는 과장으로 발탁되었고 저는 아직도 계장 신세에서 벗어나지 못하고 있습니다.

업무 보는 능력은 T보다 내가 훨씬 낫다는 자신이 있습니다. 그러나 그런 자신감만큼이나 제 자신이 한심하기 짝이 없습니다.

(회사원·41세·남성)

축사는커녕
훌쩍거리고 말았어요

중학교 때부터 친했던 친구가 결혼을 하면서 저에게 축사를 부탁했습니다. 저는 사람들 앞에 서면 부끄러운 생각이 들어 금세 주눅이 들기 때문에 축사는 엄두도 못 낼 일이라며 필사적으로 거절했습니다. 하지만 제가 꼭 축사를 해 줬으면 좋겠다며 막무가내로 밀어붙이는 친구 때문에 하는 수 없이 등을 떠밀리는 격으로 축사를 맡게 되었습니다.

활달한 성격의 친구인데다가 중학교 때부터 제일 친한 사이였기 때문에 할 얘기는 많았던 저는 나름대로 원고를 작성하여 암기에 들어갔습니다.

그런데 결혼식 당일, 예식장에 도착해 보니 300여 명이나 되는 하객들이 성황을 이루며 식을 기다리고 있더군요. 그 순간, '이렇게 많은 사람들 앞에서 떨지 않고 이야기할 수 있을까? 만약 실패라도 하면 어쩌지?' 하는 생각과 함께 갑자기 심장이 두근거리며 수전증에라도 걸린 듯 손이 마구 떨렸습니다.

예식 분위기가 한창 무르익고, 마침내 제 이름이 소개되었습니다. 저는 스포트라이트를 받으며 마이크가 있는 곳으로 걸어갔습니다. 하지만 다리가 후들거려 엉거주춤한 걸음을 걷고 있다는 것을 스스로도 느낄 수 있었습니다. 간신히 마이크 앞에 섰지만 이미 눈 앞은 캄캄해져 있었습니다.

"정말 축하해……."

겨우 내뱉은 첫마디는 톱날을 가는 듯한 소리로 들렸습니다. 저런 목소리를 듣자마자 이번에는 머릿속이 텅 비어버리면서 말할 내용이 전혀 떠오르지 않는 것이었습니다. 스포트라이트를 받으며 엉거주춤 서서 쩔쩔매던 저는 결국 마이크를 든 채 훌쩍거리며 울기 시작했습니다.

차마 보고만 있을 수 없었던지 사회자가 옆에서 거들어주어 겨우 정신을 차리고 내 자리로 돌아올 수 있었습니다. 친구들이 다가와 위로와 격려를 해주었지만, 저는 수치심과 후회로 한참 동안이나 꼼짝 않고 울었습니다.

(사무원·27세·여성)

사람들 앞에 서면 얼어버리는 사람이 많다

수강생 가운데 음악대학을 졸업한 피아니스트가 있다. 그녀는 연습실에서는 사람들로부터 잘한다는 칭찬을 받지만, 본 무대만 올라가면 머리가 텅 비어 백지상태가 된다고 한다. 술술 외우고 있던 악보는 전혀 떠오르지 않고, 몸은 뻣뻣하게 경직되고 손이 바들바들 떨려 악보와 눈싸움만 하다가 어설프게 연주를 마무리한 채 내려오는 일이 많다고 한다.

또 사무원으로 일하는 한 여성은 직장에서 손님들에게 차를 낼 때마다 늘 손이 떨려 '침착해야 해!' 하고 마음속으로 절규하다시피 하지만, 그만 손님의 양복에 차를 엎질러버린 적도 있다고 한다.

너무나 긴장하는 성격 때문에 고민하는 사람이 세상에는 적지 않다. 특히 이 증상은 사람들 앞에서 이야기할 때 가장 두드러지게 나타난다.

결혼피로연 등에서 축사 등을 부탁 받아 사람들 앞에 서기로 결정되면 걱정되는 마음에 그날부터 일도 손에 잡히지 않게 된다. 일을 하고 있어도, 집에서 텔레비전을 보고 있어도 앞으로 맞닥뜨릴 그 일만 생각하면 가슴이 두근거려서 안절부절못하게 되고, 심지어는 주위 사람들에게 마구 신경질을 부린다고 한다.

자신이 없어도 딴에는 열심히 준비하여 사람들 앞에 서지만, 역시 그 순간 바로 얼굴이 시뻘겋게 달아올라 어쩔 줄 몰라 하게 되고 많은 사람들 앞에서 자존심은 갈기갈기 찢겨져 상처를 받게 된다. 이런 지경에까지 이르면 죽고 싶으리만큼 수치스러워하며 귀신에 홀린 듯 집으로 돌아오게 되는 것이다.

쇼크의 정도 차이는 있지만, 의외로 많은 사람들이 이런 경험을 하고 있다. 사람들 앞에서 이런 망신을 당하고 나면 아무리 시간이 오래 지나도 당시의 상황이 떠오를 때마다 공포심이 밀려드는 것이다.

쉽게 긴장한다는 것은 어떤 상태인가

신경의 정보전달이 마비되어버린다

많은 사람들이 '쉽게 긴장하는 성격을 극복하고 사람들 앞에 침착하게 서서 당당하게 이야기할 수는 없을까?'라는 고민을 하고 있다.

하지만 한번이라도 다른 사람 앞에서 긴장하여 침착성을 잃고 수치심까지 느꼈다면, 그 뒤로는 시간이 아무리 흐른다 해도 당황했던 당시 일을 생각하면 공포심부터 밀려와 안절부절못하게 된다. 긴장하는 성격이 다음에도 문제가 된다는 소리다.

그렇다면 쉽게 긴장하여 흥분한다는 것은 대체 어떤 상태를 말하는 것일까? 간단히 말하면 실패에 대한 공포심으로 인해 감정이 극도로 격앙되어 평소의 침착한 성격을 잃어버리게 되는 상태이다.

이런 상태가 되면 신경의 정보전달 능력이 마비되어 근육이 이완돼버린다. 그러면 아무리 의식해도 힘이 들어가지 않는다. 극도로 긴장했을 때에 나타나는 떨림 현상은 바로 여기에서 오는 것이다.

긴장해서 흥분된 감정에 휩싸이면 자신의 생각대로 말을 할 수 없게 되어 횡설수설한다. 그 꼴사나운 자신의 모습을 단번에 만회하려고 애쓰면 애쓸수록 평온한 마음상태가 깨져 더욱더 초조해하는 모습을 드러내는 결과를 빚게 되는 것이다.

긴장하는 성격을 극복하는 것이 필수조건이다

화법교실에는 매달 기업 경영자와 관리직부터 신입사원, 주부, 학생, 학교 선생님 등 많은 사람들이 수강을 하러 찾아온다. 등록할 때 수강 목적을 반드시 기입하도록 하는데, '긴장하는 성격을 극복하여 당당히 말할 수 있는 자신감을 키우고 싶다'라고 쓰는 사람이 압도적으로 많다. 이것은 바로 '긴장하는 성격'이 현대인들이 안고 있는 절실한 고민거리라고 해도 지나치지 않다는 것을 증명하는 것이기도 하다.

현대는 커뮤니케이션의 시대이며, 커뮤니케이션의 대부분은 이야기를 하거나 들으며 이루어진다. 결혼피로연, 설명회, 조회, 회의, 사은회 등 사람들 앞에서 이야기를 할 기회는 정말이지 많다.

연공서열 사회였던 과거에는 사회적인 지위가 올라가야 사람들 앞에서 이야기할 수 있는 기회가 생기고는 했다. 하지만 지금은 정반대로 다른 사람 앞에서 재치 있게 이야기할 수 있어야지만 사회적인 지위를 확보할 기회도 얻을 수 있다.

인생에서 성공을 거머쥐기 위해서는 많은 사람들로부터 인정받지 않으면 안 된다. 그러려면 사람들 앞에서 주눅 들지 않고 당당하게 말할 수 있는 자신감을 키우는 것이 필수조건이다. 사람들 앞에서 말하는 게 내키지 않는다고 버티고 있을 처지가 아닌 것이다.

이런 이유에서라도 공포심을 극복하여 '사람들 앞에서 떠는 성격'을 이겨내야 할 필요가 있다.

1장

왜 사람들 앞에 서면
흥분되는가

흥분을 부르는 것은
무엇일까?

흥분하는 세 가지 원인

사람들 앞에서 이야기할 때에 흥분하는 원인은 크게 세 가지
가 있다.

① 정신적인 원인 — 마음에 문제가 있을 때.

　공포심, 열등감, 정서불안 등이 있다.

② 기술적인 원인 — 이야기하는 내용에 자신이 없을 때.

　화제가 충분하지 않거나 구성의 완성도가 떨어지거나 연
　습이 부족할 때 등이다.

③ 육체적인 원인 — 주로 건강이 나빠졌을 때.

　감기, 치통, 두통, 현기증 등으로 몸이 힘들 때이다. 흥분했을 때에 육체적인 문제까지 있으면 심장박동수가 올라가고 가슴에 통증이 느껴지며, 때로는 실신하는 경우도 있다.

이 세 가지 원인 중에 하나라도 해당되면 흥분상태에 빠진다. 게다가 세 가지 원인이 서로 동시다발적으로 일어나면서 흥분하는 증상은 상승효과를 얻게 되어 더욱 악화되는 경우도 있다.

　어느 쪽이든 이 세 가지 원인을 모두 없애야 쉽게 흥분하는 성격을 극복할 수 있게 된다.

| 흥분하는 세 가지 원인 |

① 정신적인 원인	② 기술적인 원인	③ 육체적인 원인
공포심	화제가 부족하다.	감기
열등감	이야기 짜임새가 좋치 않다.	치통
정서불안	연습부족	두통 등

미지의 분야에 대한 공포가 흥분을 낳는다

공포는 무지와 반신반의 때문에 일어난다

"공포는 무지와 반신반의 때문에 일어난다"는 말이 있다. 무슨 일이든 잘 알지 못하거나 믿어지지 않는 것에 대해서는 공포를 느낀다는 뜻이다.

대부분의 사람들은 어렸을 때 혼자서 처음으로 전철을 탔을 때의 일을 기억하고 있을 것이다. 겉으로는 자못 아무렇지 않은 척했지만 머릿속은 '혼자서 전철을 탈 수 있을까? 플랫폼에서 떨어져 전철에 치이지는 않을까?' 하는 불안감으로 꽉 차고 몸도 마음도 공포심으로 바싹 굳어졌던 기억 말이다.

　이런 공포심이 극도로 긴장감을 불러오는 원인이다. 이것은 어린 시절에만 국한된 것이 아니라, 어른이 된 현재에도 마찬가지라고 말할 수 있다.

　만약 지금까지 한 번도 가본 적이 없는 낯선 곳에 있는 한 레스토랑에 들어갔다고 하자. 안으로 들어갔더니 눈부시게 아름다운 실내장식이 호화로운 분위기를 자아내는 가게다. 그러나 손님은 아무도 없다. 여러 명의 종업원이 일제히 "어서 오십시오!" 하며 깍듯이 예의를 갖춰 인사를 하고는 정중하게 자리로 안내해 준다. 이런 경우 당신은 혹시 '뭘 먹어야 좋을까? 가격은 비싸지나 않을까? 이런 으리으리한 가게에 들어오는 게 아니었는데…' 하며 불안과 공포를 느끼지는 않는가?

　전혀 모르는 일이라던가 익숙하지 않은 일을 경험할 때에는 누구나 약간의 불안감을 느끼며 긴장하기 마련이다.

알지 못하는 것을 맞닥뜨렸을 때 느끼는 긴장감

　아프리카 오지에 살며 한 발자국도 바깥세상으로 나온 적 없는 아프리카 가족 네 명이 일본의 텔레비전에 나온 적이 있다. 오락프로에서는 그들이 일본의 가정에서 생활하는 모습을 보여주었는데 그들이 보고 듣는 것들은 죄다 난생 처음인 것들이었고, 그들은 새로운 것에 흥미를 느끼기는커녕 불안의 연속일 뿐이었다.

그들은 맨 먼저 비행기를 봤을 때 경악을 금치 못했다. "이렇게 어마어마한 새는 본 적이 없어!"라며 눈을 휘둥그렇게 떴다. 그런 다음 비행기를 타자 모두 새파랗게 얼굴이 질려서 의자에 꽉 달라붙어 부들부들 떨고 있었다.

그렇게 도쿄에 도착하여 전철을 타게 된 네 식구는 다시 한 번 크게 놀랐다. "이렇게 커다란 집이 통째로 달리다니!"라고 외치고서는 전철 안에 쭈그리고 앉아버린 것이다

다른 사람들 앞에서 이야기를 하는 것도 마찬가지라고 할 수 있다.

신입사원이 선배사원 앞에서 자기소개를 하거나 결혼피로연에서 축사를 하거나 중요한 회의에서 제일 먼저 발언을 하거나 사랑하는 애인에게 프러포즈를 하는 것처럼 미처 경험하지 못한 일과 딱 맞닥뜨리면 자신의 감정을 쉽게 조절할 수 없게 되고 만다.

사람들 앞에서 처음으로 이야기하거나 익숙하지 않은 상황에서 말하게 되는 경우는 '이 많은 사람들이 날 주시하겠지', '이들 중엔 대단한 사람도 있을 거야', '말이 나오지 않으면 어쩌지?'라는 온갖 생각이 들면서 공포감이 확 밀려오고, 긴장감이 극도로 팽팽해지면 흥분하는 증상이 따라오는 것이다.

사람들이 지켜보는 가운데 뭔가를 해야 한다는 불안한 상황에 맞서 육체적·정신적으로 방위체제가 나타나는 것이 바로 이 흥분이라는 감정이다.

우리 인간은 매우 보수적인 동물이라 환경에 변화가 생기면 익숙해진 생활습관을 지키려는 마음이 강해진다. 따라서 미지의 분야는 꺼리는 경향이 있다. 이 미지의 세계에 대한 불안이 공포심을 조장하고, 이 공포에서 벗어나고픈 방위본능을 작용시키는 것이다.

누구나 긴장하면 흥분한다

이 방위체제는 누구에게나 일어나는 정상적인 생리반응이다. 다시 말해 어떤 사람이든 긴장하면 흥분한다는 사실을 이해해둘 필요가 있다.

'화법교실' 개강 첫날 수업시간이 다가오면 교실 안은 묘한 분위기에 휩싸인다. 생전 보지도 알지도 못했던 사람들이 같은 반 친구가 되고, '앞으로 어떤 수업을 할까? 사람들 앞에서 창피나 당하지 말아야 할 텐데⋯⋯'라는 불안감 때문에 공포심은 배가 되고, 그것이 얼굴 표정이나 시선에 그대로 나타나게 된다.

미지의 세계에 발을 들여놓는다는 것은 어떤 사태가 벌어질지 전혀 예상치 못하고 있는 상황이다. 그렇게 수강생들의 공포심이 더해 가고, 무의식 속에서 방위본능을 작용시킨다. 수강 첫날 수강생들이 느끼는 미지의 분야에 대한 공포심을 없애고 긴장감을 누그러뜨리는 것은 담당 강사의 중요한 임무다.

중요한 것은, 미지의 분야에 대한 공포는 누구나 갖고 있고, 거기서 도망치고 싶은 방위본능이 작용하면 흥분을 일으킨다는 것이다.

열등감이
소극적인 인간을 만든다

우월감과 열등감은 동전의 앞뒷면과도 같다

사람은 누구나 다른 사람 앞에 섰을 때 '누구보다 멋지게 이야기해서 다른 사람들로부터 칭찬 받고 싶다'는 생각을 한다. 우월감에 대한 동경이다. 반면 '나는 다른 사람보다 뒤떨어져 있는 게 아닐까? 혹시 실패하는 건 아닐까? 웃음거리라도 되면 어쩌지?' 하는 위기감도 강하다.

그렇게 우월감과 열등감은 동전의 앞뒷면과도 같은 것이다.

특히 회사의 상사, 연배가 되는 사람, 각계의 전문가, 유식한 사람 앞에서 이야기를 하게 되면 '이런 이야기를 하면 바보로 생각하지 않을까?' 하는 열등감이 뇌리를 스친다.

'잘해야 돼'라는 생각이 가지고 온 실수

제가 다니는 직장에서는 매일 아침 조회를 실시하고 있습니다. 각 과원 30명 정도가 모여 조회를 하는데, 조회 진행은 매달 각 과에서 한 사람씩 돌아가면서 맡습니다. 사회 보기를 좋아하는 저는 항상 기꺼이 우리 과의 대표로 조회 진행을 맡고 있었습니다. 그러던 어느 날, 사전에 언질도 없이 사장과 부사장, 그리고 전무까지 조회 시간에 자리를 잡고 앉아 있더군요. 저는 중역들의 얼굴을 본 순간 비참할 정도로 허둥거렸습니다.

'실패해선 안 돼. 잘해야 돼.'

이런 생각을 하면 할수록 얼굴에선 땀이 흘러내리고 목소리까지 떨렸습니다. 그날 조회 진행을 어떻게 했는지는 생각이 하나도 나지 않습니다.

(회사원·31세·남성)

실패한 경험이 열등감을 불러온다

우리는 의식하지도 못한 채 '나는 다른 사람보다 열등한 게 아닐까?' 하며 자신과 다른 사람을 비교하고는 한다. 실제로 자신은 남보다 전혀 뒤떨어지지 않는데도 열등하다고 생각하며, 상대는 모두 훌륭한 사람처럼 보이게 된다. 바로 이러한 생각에서 잠재적인 열등감이 뿌리를 내리는 것이다.

이 열등감은 과거에 실패한 경험이 강하게 영향을 미치는 경우가 많다. 초등학생 또는 중학생이었을 때 사람들 앞에서 실수하여 크게 망신을 당한 적이 있다고 가정해 보자. 그때 자존심이 크게 상처를 받게 되어 '트라우마'라고 불리는 정신적 외상 스트레스를 경험하게 된다면 결국 소극적인 사람으로 변하게 되는 것이다.

시선에 대한 경계심이 자연적으로 작용한다

인간이 가지고 있는 기초 본능 세 가지

인간은 누구나 자유 본능, 자기방위 본능, 자기존엄 본능의 세 가지 기초 본능을 가지고 있다.

각각 어떠한 것인지 설명해 보도록 하자.

① 자유 본능

그 누구한테도 자유를 속박 당하고 싶지 않은 본능이다.

누구나 회사에 속박 당하고 싶지 않고, 가정에 속박 당하고 싶지 않고, 타인에게 속박 당하고 싶지 않은 생각을 늘 품고 있다. 이러한 것에 속박 당하면 긴장감에 눌려 심신이 경직되고, 그 상태에서 빨리 해방되고 싶은 욕구가 강하게 작용한다. 그러나 사회생활을 하는 이상은 누구나 이성으로 그 욕구를 억누르고 있을 뿐이다.

직장에서 부하에게 '명령한다', '의뢰한다', '설득한다', '혼낸다', '충고한다'는 행위는 모두 상대의 자유를 속박하게 된다. 부하는 상사의 명령에는 따르지만 지시 받은 일만 하고 빨리 자유로운 몸으로 돌아가고 싶어 한다. 명령받은 것 외의 일을 하는 사람이 적은 까닭은 이 자유 본능이 작용하기 때문이다.

말을 하는 경우에도 시작하는 순간부터 끝날 때까지 자유를 속박당하고 긴장감이 지속된다. 이 긴장감 때문에 공포심이 생기고, 빨리 해방되고 싶은 바람이 강해진다.

② 자기방위 본능
자신을 지키고자 하는 본능이다.

이것은 상사한테 야단을 맞거나 고객으로부터 불만을 터뜨리는 전화가 왔을 때 자신도 모르게 변명을 하면서 자신을 지키려고 하는 행동에서 나타난다.

이다음에 소개하게 될 '시선에 대한 경계심'은 자기방위 본능이 강하게 작용하는 것이 원인이다.

③ 자기존엄 본능

타인과 비교 당하고 싶지 않다거나 남에게 바보취급 당하고 싶지 않다는 자존심이다.

직장에서 상사한테 "자네 동기인 A는 자네보다 실적이 좋더군."이라는 소리를 들으면 자존심에 상처를 입게 되고, 동시에 그 상사와의 관계는 최악의 상태로 치닫는다. 말을 할 때에도 비교당하고 싶지 않은 기분이 크게 작용한다.

방위 본능이 작용하는 때는?

많은 시선이 자신에게 집중되면 큰 압박감을 느끼면서 긴장감으로 인해 몸이 경직된다. 이것은 공포심을 몸으로 표출하는 것이다. 공포심에 대항하여 당연히 자신을 지키려는 방위 본능이 작용한 결과다.

동물이 갖고 있는 특유의 성질인 방위 본능은 작은 고양이조차도 눈앞에 강적이 나타나면 등을 잔뜩 웅크리고 손톱을 빳빳이 치켜세우면서 눈을 크게 부릅뜨고 날카로운 목소리로 상대를 위협한다. 이는 자신을 지키려는 방위 본능이 작용하기 때문이다. 그것이 인간인 경우에는 '흥분'이라는 형태로 나타난다.

다음은 사람들의 시선에 의해 방위 본능이 작용해서 흥분하고 만 어느 관광버스 가이드의 체험이다.

손님들이 저를
쳐다보는 게 두려웠어요

저는 관광버스 가이드를 하고 있습니다. 올해 갓 입사해서 반 년 동안은 매일 가이드에 관한 공부만 했습니다. 동기들과 모이면 하루빨리 현장으로 나가자며 격려했고, 시간만 나면 열심히 공부했지요. 그래서였는지 동기 중에서 제일 먼저 현장 관광 가이드로 발탁되었습니다. 몇 번이나 연습을 했기 때문에 내심 자신감을 갖고 있었고 드디어 실전의 날이 되었습니다.

아침에 손님을 맞이한 후 드디어 차가 달리기 시작했습니다. 저는 손님 앞에 서서, "안녕하십니까!"라고 첫 인사말을 하려고 손님 쪽으로 얼굴을 들었습니다. 그런데 제 얼굴을 뚫어져라 쳐다보고 있는 손님들 50명의 눈빛을 보고 말았습니다.

그 시선을 느낀 순간 저는 얼굴이 새빨갛게 달아오르며 눈앞이 캄캄해졌습니다. 이마에서는 진땀이 흐르고 겨드랑이 밑에서는 식은땀이 흘러내리는 것이었습니다.

다행히 선배의 순발력으로 위기는 넘겼지만, 마이크를 선배에게 건네고 나서 저는 그만 자리에 주저앉고 말았고 덕분에 기분은 나락으로 떨어지고 말았습니다.

(관광버스 가이드·23세·여성)

누구에게나 분명 이와 비슷한 경험이 있을 것입니다. 남의 이야기라고 그냥 웃어넘길 수 없는 이야기일 것입니다.

준비가 부족하면
쉽게 흥분한다

미리 준비하지 않으면 소극적이 된다

대다수의 사람들이 '사람들 앞에 나가 이야기하기란 정말 죽을 맛이야', '어떻게든 아무 일 없이 끝나야 할 텐데', '흥분하지 않으면 좋으련만……' 등등의 소극적인 생각을 갖고 다른 사람 앞에 나간다. 그러면 십중팔구 긴장하게 되어 흥분하고 만다.

왜 이런 소극적인 기분이 드는 것일까? 그것은 준비 부족으로 인해 자신의 이야기에 자신감을 가질 수 없기 때문이다.

"나름대로는 충분히 준비하는데도 자신감이 생기지 않는다"

고 말하는 사람이 있다.

　결혼피로연 등에서 축사 등을 부탁할 때에는 적어도 한 달여 전에 말해 놓는 경우가 많다. 그러면 누구나 자기 나름대로 준비를 하여 당일을 맞이할 것이다.

마음 내키는 대로 준비하지 말라

　자기가 하는 이야기에 전혀 자신감을 가질 수 없다는 것은 올바른 방법을 모르고 준비를 했다거나 내키는 대로 준비를 했기 때문이다. 자신은 오랜 시간 공을 들였다고 생각할지 모르지만 이것은 하지 않은 것과 마찬가지다.

　그리고 다른 사람 앞에 섰을 때 무슨 말로 첫인사를 해야 할지, 어떤 표정과 자세를 취해야 하는지, 어떤 목소리로 이야기하면 좋을지에 대한 기본적인 것조차 모르는 사람도 있다.

　하물며 어떤 화제로, 어떤 구성으로, 어떤 이야기로 결말을 맺으면 좋을지 생각하는 것은 두말할 나위도 없다. 계획도 없이 무턱대고 준비를 하니 자신감이 생기지 않는 것이 당연하다.

　마치 골프연습과도 같은 이치이다. 초보자가 골프채 쥐는 방법도, 공을 칠 때 발의 위치를 어떻게 하고 얼마나 간격을 띄는지도, 하물며 스윙방법도 모른 채 연습장에서 골프채를 휘두른

들 실력이 좋아질 리가 만무하다. 이런 연습은 아무리 많이 해봤자 밑 빠진 독에 물 붓기다. 진짜 시합이라도 나간다면 침착성은 찾아보려야 찾아볼 수 없고, 가슴은 두 근 반 세 근 반, 손에서는 땀이 줄줄 흐를 것이다. 실제로 공을 친다 해도 자기 마음과는 아랑곳없이 날아가 버린다.

마음 내키는 대로 한 준비는 그저 자신의 착각일 뿐이고 쓸데없는 수고에 불과하다. 역시 제대로 된 준비를 하지 않으면 준비를 했다고 말할 수 없는 것이고, 결국 이것은 흥분을 낳는 원인의 하나가 될 뿐이다.

이야기 내용에 자신이 없으면 지리멸렬해진다

전문가 앞에서는 누구나 긴장한다

보통 다른 사람 앞에서 이야기하는 것이 익숙한 사람이라도 자신의 전문이 아닌 분야, 특히 자신이 별로 잘 알지 못하는 분야에 관한 이야기를 할 때는 쉽게 흥분하게 된다.

내가 어떤 로터리 클럽의 공부모임에 초청을 받아 갔을 때의 일이다. 공부모임이 시작되기 전의 환영회에서 회장과 명함을 주고받았다. 회장은 이미 얼굴이 벌겋게 상기되어 얼굴에서 흐르는 땀을 연신 훔치고 있었다.

공부가 시작되고 회장이 처음으로 인사를 했다.

"아… 오늘은 화법을 가르치시는 선생님을 맞아, 아… 그러니까 지금부터 화법에 대한 공부를 시작하게 되겠는데요, 아… 왜 화법공부가 중요한가 할 것 같으면…… 아… 어쩐지 지금 제가 말하는 걸 선생님한테 채점 받는 것 같아 아까부터 계속 긴장이 되는군요."

여기까지 말한 회장은 뒷말을 잊고 말았다. 주위에 있던 사람들이 이구동성으로 말했다.

"원래 회장님은 굉장히 달변가세요. 그런데 저렇게 긴장하시다니, 정말 믿어지지 않네요."

누구나 자신이 잘 알고 있는 분야에 관한 이야기를 할 때는 자신감을 갖고 말할 수 있다. 하지만 보통은 긴장하지 않고 당당히 이야기하던 사람일지라도 말하는 내용에 자신이 없으면 결국 긴장하고 만다.

하물며 그 분야의 전문가 앞이라면 말해 무엇하겠는가. 이야기의 내용에 자신이 없는 만큼 평온한 심리적 상태가 깨져 평소엔 찾아볼 수 없는 상기된 모습을 드러내게 된다.

이야기의 내용에 대한 충분한 준비가 되어 있지 않기 때문에 '비웃으면 어쩌지?' 하는 공포심이 밀려와 자기방위 본능이 작용해서 긴장하는 모습을 보였던 것이다.

자신도 없고 준비도 하지 못했다면?

어떤 회사에서 대리점 회의를 하며 40여 명의 지점장을 초청해 신제품 설명회를 열었다. 이 설명회에 한 사람의 기술자가 아침부터 저녁 무렵까지 줄곧 설명을 담당하였다.

오전에 있은 설명회에서는 과연 엔지니어만이 할 수 있는 전문적인 분야를 이해하기 쉽게 설명하였고 그의 모습은 정말 믿음직스러웠다.

그러나 점심식사가 끝나고 오후 설명회가 시작되자 그는 안절부절못하며 들떠 있었고, 목소리 또한 흥분되어 있었으며 얼굴에서 땀이 배어나올 정도로 긴장하고 있었다. 오전에 보여줬던 당당한 모습은 온데간데없고 매우 굳어 있었다. 아무래도 오후에 설명할 부분은 자기 전공 분야가 아닌가 하는 생각이 들 정도였다.

온종일 혼자서 설명회를 담당해야 했던 그로서는 필사적으로 준비했을 것이 틀림없다. 그러나 오후에 실시할 부분에까지는 미처 준비의 손길이 미치지 못했고, 준비 부족으로 인해 전혀 자신감이 없는 상태에서 그냥 오후의 설명회에 들어간 것이 화근이 된 것이다. 설명회 장소에 들어가기가 무섭게 머릿속은 새하얗게 비어버리고 지리멸렬한 설명회가 되고 말았다.

2장

긴장을 극복하는
8가지 방법

긴장을 극복할 수 있는 키워드를 기억하자

기가 꺾이지 않은 회사원의 이야기

불과 몇 년 전까지만 해도 사회적인 지위가 올라가면 다른 사람 앞에서 이야기할 기회도 자연스럽게 많아졌다. 그러나 현재는 그렇지 않다. 다른 사람 앞에서 자신을 멋지게 표현하지 못하는 사람은 주위로부터 인정도 받을 수 없게 되었고, 사회적인 지위를 확고히 다진다는 것조차 기대할 수 없는 시대가 되어버린 것이다.

현대를 살아가는 우리는 이제 사람들 앞에서 이야기하는 것이 쑥스럽다느니 못 하겠다느니 할 처지가 못 된다. 행복한 인생을 살고 싶다면 소극적인 성격을 버려야 한다. 그리고 다른 사람 앞에서 이야기 하나 할 때에도 설득력 있게 할 수 있는 방법을 잘 익혀두는 것이 꼭 필요한 조건이 되었다.

화법교실의 수강생인 T씨는 40세 전후쯤 된 남성으로, 그의 직업은 시스템 엔지니어이다.

수강 첫날 교실에서는 자기소개가 있다. 이때 T씨는 무척 긴장을 하고 있었다. 자기 이름조차 말하지 못했다. 얼굴은 새빨간 홍당무가 되어 멀뚱멀뚱 천장만 바라보고 있었고, 입술은 부르르 떨며 통 뭐라고 하는지 알아듣기 힘든 말만 내뱉고 있었다. 자신의 성(姓)은 말했지만 그 다음에 나와야 할 이름이 나오질 않았다. 듣고 있는 사람들도 조마조마한 마음으로 기다렸지만, 결국 그날은 그렇게 끝나고 말았다. 그러나 다행히도 T씨는 기가 완전히 꺾이지는 않았다.

화법교실에는 3개월 코스의 교양과정이 있는데, T씨는 3개월 동안 잘 견디며 열심히 매달렸다. 지금부터 설명하는 '긴장을 극복하는 방법'을 잘 듣고는 실습 때마다 도전하면서 하나하나 터득해 나갔고 그렇게 실습 횟수를 거듭하면서 T씨는 안정감을 찾아갔다.

화법교실에서는 매달 합동수료식이 거행되는데 이때 각 강좌

코스에 2개월 내지 3개월 다닌 수강생이 대표로 나와 말하기 발표회를 연다. T씨는 토요일 강좌의 3개월 된 대표로서 사람들 앞에 나가 당당히 자신의 생각을 나타냈다.

3개월 전까지만 해도 너무 긴장한 나머지 자신의 이름조차 말하지 못했던 사람이라고는 도저히 믿기지 않을 정도로 당당하게 말했다. 긍정적인 자세로 공부에 매달린 결과 큰 박수를 받을 정도로 능숙해진 멋진 모습이었다.

사람들 앞에서 긴장감을 극복하려면

이제 '다른 사람들 앞에 섰을 때 긴장감을 극복하려면 어떻게 하면 좋은가'에 대한 구체적인 방법을 알아보도록 하자.

이것은 필자가 고안한 '긴장감을 극복한다'라는 말의 머리글자로 만든 키워드이고, 흥분을 억누르는 방법론이다. 이 방법을 확실하게 익힌다면 100명, 200명 앞에서도 당당히 이야기할 수 있다.

당신이 사람들 앞에서 당당히 이야기하면 듣는 이들은 흥미 깊게 경청하며 고개를 끄덕여준다. 말하는 사람인 당신과 듣는 사람이 모두 일체가 되어 즐겁게 이야기하는 모습을 떠올려보길 바란다.

지금 당신이 머릿속에 그린 이미지는 반드시 실현시킬 수 있다. 물론 당신 자신이 그런 기분이 되어 행동해야 한다는 것이 전제조건이다.

지금까지는 다른 사람들 앞에 서면 아무리 애써도 몸이 밧줄에 꽁꽁 묶인 것처럼 초긴장상태에 빠졌다. 때문에 자신이 생각하던 것에 대해 제대로 입도 못 뗐을 것이다. 하지만 이 방법을 익혀두면 사람이 확 달라져 표정이 풍부해지고 즐겁게 이야기할 수 있게 된다.

다음 페이지에 흥분하는 성격을 극복하는 방법에 관한 키워드를 도표로 짜보았다. 당신이 지금까지 사람들 앞에 섰을 때 어떻게 흥분하는지 그 과정을 잘 분석하면서 자신에게는 무엇이 부족한지 발견해 주길 바란다.

그럼 이 8가지 항목에 걸친 방법론을 하나씩 순서를 밟아가며 설명해 보도록 하겠다.

긴 긴장되는가? 다리가 후들거리고 손이 떨리면 심호흡을 한다.

┈┈┈┈▶ 집중력을 키운다

장 장담컨대 다른 사람도 똑같이 긴장하고 있다.

┈┈┈┈▶ 긴장하는 것은 본능

감 감히 말하건대, 마이 페이스로 나가라.

┈┈┈┈▶ 자의식 과잉이 되지 말자

을 을러멘다고 겁내지 말라. 피하면 피할수록 자기혐오에 빠진다.

┈┈┈┈▶ 부정적인 사고를 쫓아낸다

극 극단적으로 비교하지 말라. 나는 나, 남은 남.

┈┈┈┈▶ 타인과 자신을 비교하지 말라

복 복닥거리지 말고 차근차근 만반의 준비를 한다.

┈┈┈┈▶ 준비가 의욕을 불러일으킨다

한 한결 멋진 모습은 긴장감을 몰아낸다.

┈┈┈┈▶ 무언가 다른 동작을 해본다

다 다 경험이 중요하다. 횟수를 거듭해보라.

┈┈┈┈▶ 반복된 경험이 자신감을 낳는다

긴 긴장되는가? 다리가 후들거리고
손이 떨리면 심호흡을 한다

복식호흡으로 집중력을 높인다

자리에 앉아 있는데도 심장이 두근대거나 호흡이 빨라지면
7~8회 정도 느리게 심호흡을 반복한다. 이 심호흡은 기분을 맑
게 하고 정신상태를 안정시키는 데 큰 효과가 있다.

여기서의 심호흡이란 단순한 심호흡이 아니라 복식호흡을 말
한다. 마음을 누그러뜨리고 긴장을 풀기 위해서는 올바른 호흡
법을 익혀두지 않으면 안 된다. 그 방법은 다음과 같다.

① 의자에 깊숙이 앉아 등줄기를 곧게 편다.

② 턱을 끌어당기고 가볍게 눈을 감는다.

③ 양손을 배 위에 놓고 가볍게 깍지를 끼거나 주먹을 쥔 다음 무릎 위에 올려놓는다.

④ 뱃속의 공기를 전부 뱉어낸 다음 배가 불룩해질 때까지 코로 천천히 들이마신다.

⑤ 배가 불룩해졌을 때 거기서 한 번 더 들이마신다.

⑥ 배가 불룩해지면 숨을 멈추고 '하나, 둘, 셋' 하고 센다. 이번에는 입으로 아주 천천히 내뱉는다.

⑦ 뱃속의 공기를 전부 내뱉는다. 뱃가죽이 등에 착 달라붙을 정도로 배를 푹 들어가게 하면서 전부 내뱉어버린다.

⑧ 전부 내뱉었다고 생각한 시점에서 억지로라도 한 번 더 숨을 내뱉어보자.

⑨ 입으로 전부 내뱉었으면 다시 코로 천천히 들이마신다.

이것에 관해서는 오른쪽에 그림으로 나타냈으니 참고하기 바란다.

머릿속을 깨끗이 비운다

'긴장된다'라는 생각이 들면 조용히 이 복식호흡을 7~8회 반

의자에 깊숙이 앉아
등줄기를 곧게 편다.

턱을 당기고 가볍게
눈을 감는다.

양손을 배 위에서
가볍게 깍지 낀다.

뱃속의 공기를 전부 내뱉
은 다음 코로 천천히 숨을
들이마신다.

7,8회 반복한다.

입으로 아주 천천히 숨을 내
뱉는다. 배 속의 공기를 전부
내뱉는다.

배가 불룩해지면 하나,
둘, 셋하고 숫자를 세면
서 숨을 멈춘다.

복한다. 한 번 호흡할 때마다 대개 20초에서 25초 정도로 한다. 5초나 10초는 너무 짧아 마음을 안정시킬 수가 없다.

이 경우 중요한 것은 머릿속을 서서히 비우는 것이다. 복식호흡을 하고 있을 때는 앞으로 닥칠 말하기에 관한 일 따위는 절대로 떠올리지 않도록 한다.

'세 번째가 내 차례야', '사람들 앞에서 얼지 않고 잘할 수 있을까?', '원고 내용을 잊어버리진 않겠지', '만약 말문이 막히면 어쩌지?', '목소리가 떨리지 말아야 할텐데……', '○○씨가 듣고 있으니 왠지 싫어', '빨리 끝나야 하는데', '창피나 당하지 않으면 좋으련만' 등 쓸데없는 것까지 생각하지 않도록 노력하자.

원고 내용은 여태껏 충분히 연습했다. 막판에 허둥대지 않아도 분명히 생각이 날 것이다. 사람들 앞에 나서기 직전까지 쓸데없는 것들을 걱정하기 때문에 안정감을 잃는 것이다. 이제부터는 산만한 기분을 날려버리기 위해 복식 심호흡에 집중하라. 그러기 위해서는 머릿속을 깨끗이 비우고 '지금 난 복식호흡을 하고 있다. 몸 안의 나쁜 공기를 전부 내뱉고 있다'라고만 생각하자. 한 호흡이 끝날 때마다 '하~나' '두~울' 하고 세면서 해보자.

이렇게 심호흡에 집중하는 것이 간단해 보여도 꽤 어렵다. 숫자를 세다가도 다시 현실과 관련된 것을 생각하게 되기 때문이다. 때문에 의식적으로 머릿속을 텅 비우는 것이 중요하다.

    야구선수나 씨름선수 같은 사람들도 아주 중요한 승부를 가
릴 때에는 이 복식호흡을 통하여 정신통일을 하려고 애쓴다.

    이 복식 심호흡으로 집중력을 높여 나가면 묘하게도 마음이
차분히 가라앉으면서 긴장되던 마음이 평온해질 것이다.

장 장담컨대 다른 사람도
똑같이 긴장하고 있다

긴장하는 것은 인간의 본능이다

잊지 말아야 할 것은, 긴장은 곧 본능이라는 점이다. 인간이라면 누구나 긴장하기 마련이라는 소리다.

다른 사람이 말하는 모습을 보면 그들은 가슴을 쭉 펴고 생글생글 웃는 모습이 무척 편안해 보이기만 하다. 정말로 당당하게 이야기하고 있는 것처럼 보인다.

그런데 내가 다른 사람 앞에서 이야기를 해야 할 단계에 접어들면 심장은 쿵쾅쿵쾅 방망이질을 하고 눈앞은 캄캄해진다. 게

다가 목소리까지 자기 마음대로 나오지 않게 되고 아득히 멀어지는 것처럼 들릴 뿐이다. 본인이 대체 무슨 소리를 하고 있는 건지조차 종잡을 수 없게 된다. 다리는 후들거리고, 손은 덜덜 떨리고, 머리는 멍해지면서 듣고 있는 사람들의 얼굴 따위는 전혀 눈에도 들어오지 않는 상태가 돼버린다.

이런 일들을 경험하게 되면 '어째서 나는 이토록 긴장하는 걸까?', '다른 사람들은 모두 침착하고 능숙하게 이야기를 하는데 어째서 나만 어는 거지?', '나는 특이한 체질인가?'라며 자기 마음대로 단정해 버리는 경향이 있다.

더군다나 '난 왜 이 모양일까?'라며 나쁜 쪽으로만 몰아가면 심한 패배감에 젖어버리게 된다. 그 결과 자기혐오라는 늪에 빠져 자기 스스로 소극적인 인간을 만들어낸다.

정상적인 인간이라면 모두 긴장한다

그렇다면 당신은 어떤가? '왜 나만 이렇게 긴장하는 거지?'라고 생각하고 있지는 않은가?

많은 사람들이 이런 잘못된 생각에 사로잡히고는 한다. 이러한 사고방식은 어서 빨리 고치지 않으면 안 된다. 당신만 긴장하고 흥분하는 것이 아니다. 인간이라면 누구나 긴장하고 흥분한다.

'모두들 침착하고 능숙하게 이야기하는데 어째서 나만……'이라고 생각하는 것은 큰 착각이다. 다른 사람도 똑같이 긴장하고 있다는 사실을 모르는 것뿐이다.

"나는 어떤 곳에 가도 긴장하지 않는다"라고 자신 있게 말할 수 있는 사람은 없을 것이다. 그렇게 말하는 사람은 아마도 대단한 자신감으로 똘똘 뭉쳐 있거나, 어린애처럼 지능지수가 낮은 사람일 것이다. 어린 아이들은 사람들이 많건 적건 전혀 아랑곳하지 않고 목청껏 울어대기 때문이다.

'정상적인 인간은 모두 긴장하기 마련이고, 긴장하는 것은 인간의 본능이다'라는 사실을 자기 자신에게 늘 일깨워주는 것이 중요하다.

나도 세미나나 강연회 등에서 "선생님도 긴장할 때가 있으세요?"라는 질문을 받곤 하는데, 물론 나도 긴장할 때가 있다. 텔레비전에 처음 출연했을 때도 무척 긴장했었고, 사람들 앞에서 이야기를 하는 것은 그럭저럭 하겠는데, 아직 익숙하지 않은 골프를 칠 때는 지금도 어지간히 긴장한다. 특히 골프 경기를 할 때에는 많은 관중들이 지켜보기 때문에 1번 홀에서 치는 티샷은 꽤 긴장하게 되면서 자의식 과잉상태에 빠지기도 한다.

긴장하여 가사를 잊은 베테랑 가수

일본인의 고유한 정서를 담아 부르는 가요인 엔카. 가수 모리 신이찌(森進一)는 엔카의 대명사다. 이 모리 씨가 옛날에 쇼와 천황(昭和天皇 : 1926~1989, 아시아 침탈의 상징인 제국주의의 천황) 앞에서 엔카를 부를 기회를 얻었다. 노래 제목은 '항구의 블루스'였다. 그런데 모리 씨는 천황 앞에 서자마자 너무 긴장한 나머지 얼굴이 벌겋게 달아올랐다. 머릿속이 새하얀 백지상태가 되어버린 모리 씨는 느닷없이 3절부터 부르기 시작했다. 결국 3절을 반복해서 두 번이나 불렀다는 에피소드가 생겨버렸다.

모리 씨가 NHK 텔레비전의 가요 프로그램에서 '가슴 속에 남겨진 노래'라는 테마로 출연했을 때의 일이다. 객석이 꽉 찬 NHK 홀에서 모리 씨는 '미로의 산기슭'을 불렀다. 그런데 2절에 들어가자마자 갑자기 가사가 떠오르지 않는 것이다. 텔레비전의 화면 아래로 가사가 자막으로 나가고 있었는데도 모리 씨는 입도 뻥긋하지 못한 채 얼빠진 눈으로 우~우~우~ 하며 허밍만 넣고 있을 뿐이었다. 누가 보더라도 '모리 씨가 긴장해서 가사를 잊어버렸구나'라는 사실을 금방 눈치챌 수 있었다.

노래가 다 끝난 후 모리 씨는,

"죄송합니다. 이 곡을 벌써 몇 만 번이나 불렀지만, 오늘 너무 긴장해서 가사를 잊어버리고 말았네요. 정말로 죄송합니다."라고 솔직히 사과하며 관객에게 깍듯이 머리를 숙였다.

몇 만 번이나 무대에 오른 사람도 '잠시 후면 내가 사람들 앞에서 노래를 부르고 이야기도 해야 돼'라고 생각하면 무척 긴장되고 떨린다는 사실을 기억하라.

초보자와 베테랑은 긴장하는 방법이 다르다

베테랑 가수도 여러분과 마찬가지로 긴장한다는 사실을 말하였다. 그러나 사람들 앞에 섰을 때에 면식이 있는 사람이냐 낯선 사람이냐에 따라 그 긴장하는 방법이 다르다.

사람들 앞에서 이야기를 하는 것에 익숙지 않은 사람은 자기 차례가 다가오면 심장이 쿵쾅쿵쾅 방망이질을 해대고 목이 바짝바짝 마르며 안정감을 잃게 된다. 사회자가 자기 이름을 불러 사람들 앞에 나가면 긴장감이 최고조에 달하게 된다. 그런 상태에서 겨우겨우 이야기하고, 말하기가 끝나 제자리로 돌아와도 한참 동안은 심장이 요동치고 손이 떨리는 증상이 누그러들지 않는다.

이야기하는 것에 익숙한 사람들도 자기 차례가 다가오면 초보자와 마찬가지로 심장의 고동소리가 커지는 걸 느낀다. 마찬가지로 사람들 앞에 섰을 때 긴장은 최고조에 달한다. 그러나

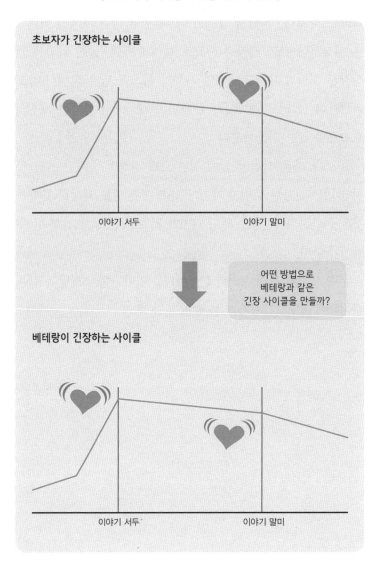

이야기를 하는 데 있어 베테랑이라 일컬어지는 사람들은 뭐가 달라도 다르다. 사람들 앞에서 한 마디 두 마디, 이렇게 이야기를 시작하다 보면 긴장은 사르르 풀리게 된다. 물론 약간의 긴장감은 여전히 가지고 있지만 자기가 하고픈 말은 확실히 하고 넘어간다. 그리고 이야기가 끝나면 언제나처럼 침착한 자신의 모습으로 금방 되돌아온다.

누구나 다른 사람들 앞에 서면 으레 긴장하기 마련이다. 하지만 너무 긴장한 나머지 자기가 하고 싶은 말도 제대로 못하는 것은 곤란하다. 긴장은 해도 자기가 하고 싶은 말은 전부 할 수 있어야 한다.

왼쪽 그림과 같이 우리의 긴장상태를 얼마만큼 베테랑과 같은 사이클에 근접시키는가가 문제다.

감 감히 말하건대
마이 페이스로 나가라

사람들 앞에서 자의식 과잉은 피하라

인간이라면 누구나 자존심에 상처를 입게 될 것을 무척 두려워한다. 이것은 주위 사람들로부터 자신의 존재가 부정당하는 것에 큰 두려움을 느끼기 때문이다.

사람들 앞에서 창피를 당하는 것은 자존심이 갈기갈기 찢겨져 상처를 받는 것이고, 이런 결과를 막기 위해 의식이 작용을 하는데 이것이 곧 자의식 과잉의 원인이 되는 것이다.

게다가 '저 사람은 나를 높이 평가해 줘. 기대하고 있다고. 어떻게든 그 기대에 보답하지 않으면 안 돼.'라고 생각하는 것이 쓸데없이 자의식 과잉에 박차를 가하고 만다.

자신보다 나이가 많은 사람이나 지위가 높은 사람, 학력이 높은 사람 앞에 서면 아무래도 자의식 과잉이 되기 십상이다. 자신도 모르게 긴장하여 방어태세를 취하게 되고, 마음은 동요하기 시작하여 평정을 잃게 된다. 이런 상태에서 많은 사람들 앞에 서는 것인데 공포심이 일어나지 않는 게 오히려 더 이상하다.

사람들은 진지하게 듣고 있지 않다

많은 사람들이 말한다. "사람들 앞에 나서는 게 두려워요"라고. 그들은 대체 다른 사람들 앞에 섰을 때 무엇이 무서운 것일까?

그것은 바로 타인의 시선이다. 이것은 동물의 본능으로, 많은 사람들이 자신을 응시하면 다리가 맥없이 풀리는 듯한 공포심을 느끼는 법이다. 자신도 모르게 "여러분, 절 보시지 말고 고개를 돌려주세요"라고 말하고 싶은 심정이 된다. 정말로 듣는 사람 모두가 고개를 뒤로 돌리면 금세 마음이 편안해진다. 주목을 받는 것만으로도 충분히 공포에 사로잡히는 것이다.

듣는 사람들이 자신이 말하는 내용을 하나도 빠뜨리지 않고 듣기 위해 자신의 일거수일투족을 빤히 응시하고 있다는 생각에 빠지면 자의식이 지나치게 되고 '여기서 실패해서 창피를 당하면 돌이킬 수 없는 상태가 벌어진다'라는 의식이 강하게 작용하기 때문에 몸도 마음도 꽁꽁 얼어버린다. 그러다가 자칫 당황해서 실수라도 하면 머릿속은 휑하니 비워지고, '아, 큰일이다. 실수하고 말았어!'라며 당황하기 때문에 그 뒤에는 횡설수설하게 되는 것이다.

하지만 이것은 큰 오해일 뿐이다. 사람들이 당신의 이야기를 하나도 빼놓지 않고 들으려고 미동도 않는 것처럼 보이겠지만 실제로는 아니다. 이야기를 듣는 것처럼 보여도 그들의 머릿속에는 집안일이라든가 취미생활 같은 것들을 생각하며 공상의 날개를 편 채 이리저리 날아다니고 있을 뿐이다.

이야기를 듣는 사람들은 대개 말하는 사람을 쳐다만 볼 뿐이지 이야기는 한 귀로 듣고 한 귀로 흘리는 경우가 많다는 것을 알아야 한다. 그럼에도 불구하고 사람들의 기대에 부응하려고 자의식 과잉이 되기 십상인데, 그것이 바로 평상시의 심리적 상태를 무너뜨리게 되는 것이다.

당신이 다른 사람들 앞에 섰을 때 긴장을 억누르고 침착하게 이야기를 이끌어가기 위해서는 두 가지가 필요하다. 자의식 과잉이 되지 않도록 하는 것과 듣는 사람들을 너무 의식하지 말고 긴장을 풀고서 편안하게 이야기하는 것 말이다.

평소부터 다른 사람들의 시선에 익숙해지자

그러나 '청중을 의식하지 않고 긴장을 풀고서 편안하게 이야기하자'라는 것은 말이 쉽다. 실제로 사람들 앞에 서면 일제히 많은 시선이 자신에게 집중되는데 어떻게 긴장하지 않겠는가. 긴장한 나머지 자의식 과잉이 되는 것은 당연하다.

그래서 내가 수강생들이 꼭 실천해 주었으면 하는 게 있다고 말하는 것이 있다. 바로 평소 때부터 다른 사람들의 시선에 익숙해지는 연습을 해두는 것이다.

만약 결혼피로연에 참석할 일이 있다면 축사를 부탁 받지 않았어도 실제로 자신이 축사를 맡은 것처럼 상상을 하며 연회장에 참석한 내빈들의 얼굴을 잘 살펴보라. 혹은 전철 안에 앉아 있을 때에도 맞은편에 앉아 있는 사람들의 얼굴을 무심히 바라보면서 '지금 나는 이 사람들 앞에서 이야기를 하고 있는 거야'라는 기분으로 다른 사람들의 눈을 잘 바라보라. 사람들이 많이 모이는 곳에 갔을 때에도, '나는 지금부터 이 사람들 앞에서 이야기를 하는 거야'라고 생각하면서 한 사람 한 사람의 눈을 쳐다보라. 단, 실례가 되지 않는 선에서 말이다.

이렇게 다른 사람의 시선에 익숙해지는 연습을 하다 보면 타인의 시선을 한꺼번에 받아도 커다란 공포심을 느끼지 않게 된다.

이렇게 미리미리 연습을 해 두면 사람들 앞에서 진짜로 말하게 되어도 편안한 마음으로 임할 수 있으며, 청중의 시선을 한 몸에 받아도 자의식 과잉이 될 염려 없이 이야기를 자연스럽게 이끌어갈 수 있다.

을 을러멘다고 겁내지 말라.
피할수록 자기혐오에 빠진다

부정적인 생각과 공포심의 관계

지금까지 줄곧 말해 왔듯이, 긴장하여 흥분하는 것은 곧 공포
심을 겉으로 드러내는 것이다. 이 공포심은 부정적인 생각이나
소극적인 이미지에 의해 일어난다.

다음은 어떤 기업의 경리부장 이야기이다.

그가 아직 경리과장으로 있었을 때, 하루는 부하 직원으로부
터 결혼식 축사를 부탁 받았다. 그런데 이 결혼식의 내빈은 무려
200명이나 되었고, 주례는 사장이었다. 또한 전무를 비롯한 회

사 관계자들까지 대거 참석하는 상황이었다. 그는 이렇게 어려운 자리에서 축사를 하고 싶지 않았지만, 직속상사로서 거절할 이유도 마땅치 않아 우물쭈물하다가 그만 떠맡게 되고 말았다.

그는 당일까지 자기 나름대로 열심히 준비했고, 호흡을 가다듬으면서 연회장에 들어섰다. 연회장에는 정장과 예복을 말끔히 차려입은 정·재계의 거물급 인사와 연예인들이 앉아 있었다.

그 광경을 본 순간 그는 심장이 터질 듯이 두근거리기 시작했다. 아니, 그냥 폭발하고 마는 게 아닌가 싶을 정도로 요동치는 것이었다.

그는 마치 사형수가 형 집행을 기다리는 심정이 되어 자기 차례가 올 때까지 자리에 앉아 있었다. 마침내 차례가 되어 사람들 앞에 섰을 때, 순간 눈앞이 아찔해지며 마이크를 잡은 손은 보기에도 안쓰러울 정도로 부들부들 떨리고 얼굴은 잔뜩 굳어 있었다. 원래의 자기 자리로 돌아올 수 있을까 싶을 정도로 얼어버리고 만 것이다.

"에, 신랑 야스오 군은, 에……, 그러니까, 오늘 정말 축하합니다. 에, 음, 에……."

자신의 귀에 들리는 목소리가 바들바들 떨리며 아득히 멀어지는 느낌이었다.

집에서는 원고 없이도 술술 나올 정도로 연습을 했건만 긴장한 탓인지 머릿속이 백지상태가 되어 전혀 말이 튀어나오질 않았다. 꿀 먹은 벙어리 신세보다는 차라리 원고를 꺼내서 읽기로 했다.

내빈들은 조마조마한 마음으로 그를 지켜보고 있었다. 그러나 원고를 든 그의 손은 바들바들 떨렸고, 원고에 적힌 글자가 전혀 눈에 들어오질 않았다. '톡톡히 개망신 당하는군' 이라고 생각하면서 안간힘을 다해 겨우 축사를 마쳤다.

이 사건이 있은 뒤로 그는 '그런 부끄러운 일은 두 번 다시 하지 않을 거야. 난 절대로 남 앞에서는 이야기하지 않겠어'라고 결심했다.

하지만 "부장더러 말하라고 하면 돌아올 후환이 두려워"라는 말이 돌고 돌아 그의 귀에까지 들어오는 지경이 되어버렸다.

'나는 어째서 이토록 형편없는 놈일까?'

그는 주체할 수 없는 패배감에 휩싸였다. 그리고 자기혐오에 빠졌다.

부장으로 승진한 후에도 사람들 앞에 서면 여전히 긴장하는 것은 고쳐지지 않았다. 너덧 명 앞에서 이야기하는 것도 심장이 벌렁벌렁 뛰고 목소리마저 떨린다. 그런데도 사람들은 부장이라는 직함만 보고 존경과 신뢰의 눈길을 보내니 긴장감이 더욱 팽팽해진다. 때문에 아주 불가피한 상황이 아닌 한은 사람들 앞에

서서 이야기하는 것은 피하고 있다.

사람들 앞에 나갔다가 큰 창피를 당한 사람은 두 번 다시는 그런 경험을 맛보고 싶지 않기 때문에 사람들 앞에서 이야기해야 할 것 같으면 이유를 달아 그 자리를 피하고 보는 사람이 적지 않다. 하지만 도망친 그 순간에는 안도의 한숨을 내쉬겠지만, 그 뒤에 바로 다가올 자기혐오는 자신의 성격을 비뚤어지게 만들 뿐이다. 그리고 결국은 모든 일에 있어서 패배감을 맛보게 하는 결과를 낳는다.

회피하지 말고 긴장감에 맞선다

'이래선 안 되겠어. 무슨 수를 써야지……'

부장은 절실한 생각을 하며 화법교실의 문을 두드렸다. 처음 실습하며 다른 사람들 앞에 섰을 때에는 어쩔 수 없으니 하긴 했지만 죽고 싶을 정도로 괴로웠다고 한다. 하지만 3개월 간 필사적으로 매달렸다.

어느 정도 사람들 앞에서 이야기하는 것에 익숙해졌을 즈음, 부하 여직원의 결혼피로연에 초대를 받게 되었다. 부장은 평소와 마찬가지로 "식에는 참석하겠지만 나한테 축사 같은 걸 시키지는 말아요"라고 당부하며 참석했다.

그런데 사회자가 갑자기 부장을 불렀다.

"신부 측 귀빈석에 신부의 직송상사인 부장님이 계시니 한마디 축하말씀을 듣도록 하겠습니다. 그럼 부탁드립니다."

깜짝 놀란 것은 당사자인 부장보다도 주위 사람들이었다. "그 부장님만큼은 절대로 축사를 시켜서는 안 된다"라는 불문율이 있었던 만큼, 주위 사람들은 마른침을 삼키며 상황을 지켜보았다.

이미 부장은 화법교실에서 이야기할 자료만 있으면 걱정할 게 없다는 사실을 배웠다. 마침 화법교실에서 배운 '아내로서 갖춰야 할 다섯 가지'라는 자료를 갖고 있었기 때문에, 이것을 사용해서 도전해 보자는 생각이 섬광처럼 스쳤다.

"신랑, 신부 축하합니다. 저는 지금 사회자로부터 소개를 받은 바와 같이 신부가 소속되어 있는 경리부에서 부장을 맡고 있습니다. 그래서 잠시 신부에게 아내로서 갖춰야 할 다섯 가지에 대한 부탁의 말씀을 드리고자 합니다.

우선 그 첫 번째는 사랑입니다. 지금 이렇게 두 사람의 사랑이 축복 속에서 결실을 맺었지만, 앞으로의 결혼생활에서도 항상 남편에 대한 사랑을 변함없이 가져주길 바랍니다. 두 번째는 자식을 잘 보살피는 아내가 되었으면 합니다. 육아라는 것은 대단히 힘든 일이기는 하나, 부디 훌륭한 어머니가 되어주십시오. 세

번째는 아름다움을 잊지 말라는 것입니다. 일단 결혼을 하고 나
면 가사나 육아에 쫓겨 자신을 꾸미는 일은 등한시하게 되는데,
오늘의 이 아름다움을 계속 유지하여 매력 있는 여성으로 남아
주십시오. 그리고 네 번째는 미소가 아름다운 아내가 되라는 것
입니다. 한 집안의 큰 기둥은 아내입니다. 집안을 밝게 하는 것
도 어둡게 하는 것도 아내의 미소입니다. 아내에게서 미소가 사
라지면 그 집안은 어두운 가정이 되고 맙니다. 반드시 아름다
운 미소를 잊지 말아주십시오. 마지막으로 다섯 번째는 배려입
니다. 남편을 배려하는 마음을 잊지 말아주십시오. 이 '아내로서
갖춰야 할 다섯 가지'는 비단 아내뿐만 아니라 부부가 함께 명심

해 주십시오. 이것이 밝은 가정을 만드는 비결입니다.

꼭 이 다섯 가지를 갖춘 아내가 되어주길 바라면서 저의 축하 인사말을 대신하겠습니다."

긴장하는 성격 때문에 사람들 앞에서 이야기하는 걸 회피하던 부장이 이렇게 근사한 말을 했다는 것 자체만으로도 연회장이 떠나갈 듯한 박수가 터져 나왔다. 나중에 이 부장은 많은 사람들로부터 받는 갈채와 따뜻한 찬사가 이렇게 기쁜 일인지 미처 몰랐다고 하였다.

"지금까지 저는 사람들 앞에 서는 것을 회피해 왔습니다. 말하고 나서 자리로 들어오고 나면 꼭 뒤통수가 따가워지는 것 같아서였는데 지금 생각하면 어이가 없습니다. 이제는 사람들 앞에 나가는 것에 대한 두려움이 사라졌습니다. 오히려 사람들 앞에서 이야기하는 것에 쾌감조차 느낍니다."

이미 부장은 부정적인 사고를 극복한 덕분에 직장에서나 가정에서나 분위기가 확 달라졌다고 한다. 그렇다. 두렵다고 해서 피하기만 하면 시간이 아무리 흘러도 긴장감을 없앨 수가 없다.

'회피한다'는 것은 인생의 패배를 스스로 인정하는 꼴이다. 투쟁해 보려는 마음을 포기하고 굴복하는 것이 바로 그것이다. 타인으로부터 동정과 연민을 받아가며 험담에만 신경을 쓰면서 소극적인 인생을 걸고 있다는 사실을 빨리 깨닫지 않으면 결국 자기험오에 빠지게 된다.

인생에는 '싫은 일, 괴로운 일, 고통스러운 일'이 따르기 마련이다. 그 시련에 직면했을 때 어떻게 대처하느냐로 인간의 가치가 결정된다.

축사의 경우는 고작 3분 동안의 시련이다. 적극적으로 도전하면 그 끝에서 승리와 성취감 그리고 칭찬이 두 팔을 벌리고 기다리고 있을 것이다.

극 **극단적으로 비교하지 말라.**
나는 나, 남은 남

다른 사람과 자신을 비교하지 말자

인간은 누구나 다른 사람과 자신을 비교해 보고 싶어 한다. 특히 열등감이 강한 사람은 '나는 남보다 뒤떨어져 있는 게 아닐까?' 하는 생각에 빠지기 쉽다.

입학이나 취직 시험장에서 수험생이 시험을 기다리며 앉아 있는 것을 보노라면, 무척 긴장하여 얼굴이 새파랗게 질려 있는 사람들이 많다. 이는 자신이 열심히 공부해 왔음에도 불구하고 다른 수험생이 자신보다 똑똑한 사람으로 보이기 때문이다. 아무리 봐도 다른 사람에 비해 자신은 열등한 것 같다는 생각이 드는 것이다. 이런 사람은 시험에서 자신의 실력을 다 발휘하지 못하기 때문에 시험에 실패하기 쉽다.

말하기도 마찬가지다. 다른 사람이 이야기하고 있는 모습을 보고 있노라면 모두 침착하고 거침없이 이야기를 하는 것 같다. 결국 '난 저렇게 잘하진 못해'라는 열등감이 싹트고 만다. '사람들은 내가 이렇게 못났다는 걸 모르니까 큰 기대를 갖는 거야', '내 실체가 들통나는 게 두려워'라는 생각이 점점 심해져, 더욱 열등감에 사로잡히는 결과를 빚는 것이다.

선배보다 말 잘하는 후배

32세의 A씨가 다니는 직장에서는 매일 아침 조회에서 3명씩 말하기를 한다. 그 날은 A씨가 마지막 순서였는데 그는 바로 앞에서 말하는 여직원을 보면서 침울해졌다. 작년에 입사한 그녀는 이제 겨우 2년차인데도 어찌나 이야기를 잘하는지, 유머감각도 있어서 분위기가 아주 고조되었다.

'젊은 여자가 말을 참 잘하네. 이런 사람 다음에 하는 건 쉽지가 않겠어……'라고 생각하니 어느새 긴장감이 몰려왔다.

'나는 그녀보다 선배니까, 선배답게 수준 높은 이야기를 해야

하는데⋯⋯.'

이마에서 식은땀이 흘러내렸다. 어느 정도 준비는 해왔지만 실제로 하는 것과는 전혀 달랐다.

"아, 최근에 말이죠, 음, 정치와 경제 말인데요. 아, 많이 혼란한 상태죠. 아⋯⋯ 요즘의 사태를 보면 말이죠, 아, 그러니까 그게⋯⋯ 제가 이야기하고자 하는 것은 말이죠, 아, 깜빡 잊어버렸네요⋯⋯."

그의 입에서 나오는 말들은 그가 하려던 말들이 전혀 아니었다. 부장은 벌레 씹은 얼굴이 되어 노려보고 있었고 동료들은 키득키득 웃고 있었다. 눈앞이 아찔해지는 순간이었다.

인간의 마음속에는 우월감과 열등감이 서로 등을 맞대고서 숨어 있다. '다른 사람보다 잘한다는 소릴 듣고 싶어', '사람들한테 칭찬 받고 싶어', '선망의 눈길로 나를 봤으면 좋겠어'라는 마음과 '난 다른 사람보다 못났어', '난 저렇게 잘하진 못해', '사람들의 웃음거리는 되고 싶지 않아'라는 마음이 공존하고 있는 것이다.

때문에 평소에는 사용해 본 적도 없는 미사여구를 들먹거리기도 하고, 신문이나 주간지의 기사를 짜 맞춰서 멋들어진 말을 하려고 노력하기도 한다. 자신을 꾸미려고 하는 발버둥질이 더욱 자신을 얼게 만드는 원인이 되는 것이다.

이 A씨의 경우는 '나보다 어린 사람 때문에 뒷전에서 웃음거리가 되고 싶지 않아'라는 생각이 강하게 작용한 것이다.

다른 사람보다 나은 점이 분명히 있다

어떻게든 자신을 꾸미려고 해도 말을 하게 되면 당신의 인간성이 그대로 드러날 수밖에 없다. 하지만 비록 더듬거리며 말하더라도 당신의 장점은 듣는 사람들에게 전해지기 마련이다. 사람은 누구나 장점을 가지고 있기 때문에 자신의 장점에 자신감을 가지면 된다. 좋은 의미에서의 대담한 마음을 갖는 것이 중요하다는 소리이다.

실제로 말하기와 관련해서는 다른 사람보다 능력이 없을 수도 있다. 하지만 반대로 다른 사람보다 더 뛰어난 그 무엇인가를 갖고 있지는 않을까?

'다른 사람보다 계산이 빠르다', '글씨를 잘 쓴다', '요리를 잘한다', '노래를 잘 부른다', '워드프로세서를 빨리 친다', '기억력이 좋다', '골프를 잘 친다' 등 무언가 다른 사람보다 뛰어난 점을 갖고 있을 것이다. '내가 말하기는 잘 못해도 계산은 누구보다도 빠르지'라고 생각한다면 아무 것도 걱정할 게 없지 않은가? 이것은 긍정적인 현상이다.

자신이 다른 사람보다 뛰어난 점이 무엇인지 찾아내는 것보다 중요한 일이 있다. 그것은 지금의 자기 자신과 비교해서 항상 전진하려는 노력을 게을리하지 않는 것이다. 가령 A씨의 실력이 80점이고 자신의 능력이 20점이라고 쳐도, 그건 그것대로 좋은 것이다. 자신이 조금 부족하다고 해서 실망하는 것이 얼마나 더 자신을 불행하게 만드는지 모른다. 오히려 중요한 것은 현재 자신의 능력이 20점이라면, 다음달에는 40점으로, 3개월 뒤에는 60점으로 만들기 위해 노력하는 점이다.

다른 사람을 무턱대고 부러워한다거나 사람들이 자기를 어떻게 볼까만을 의식하기보다는, 자기 자신을 반성하면서 늘 앞으로 전진하려고 노력하는 것이 더 중요한 일이다.

누구나 다른 사람보다 뛰어난 점을 가지고 있다. 잘하지 못하는 분야라면 매일매일 조금씩 노력해서 꾸준히 향상시켜 나가면 스스로 자신감이 붙어서 긴장하는 자신의 성격 때문에 괴로워하는 일은 점점 사라질 것이다.

복 복닥거리지 말고
차근차근 만반의 준비를 한다

하고 싶은 말을 하면 긴장하지 않는다

　사람들 앞에 나갈 때 공포심을 누르고 생각하는 바를 당당히 말하기 위해서는 충분히 준비해야 한다. 잘 준비하는 것은 긴장하는 성격을 극복하는 가장 좋은 방법이다.

　쉽게 긴장하여 흥분하는 성격을 어떻게든 고쳐보고 싶다는 사람은 많지만, 충분한 준비가 긴장과 흥분을 억누르는 최선의 방법이라는 사실은 많은 사람들이 모르고 있다.

　다른 사람들 앞에서 하는 이야기는 두 종류로 구분할 수 있다. 부탁을 받고 하는 이야기와 자기가 진심으로 하고 싶어서 하는 이야기가 그것이다.

부탁을 받아서 하는 이야기는 결혼피로연에서의 축사라든가 회사에서 하는 조회나 설명회, 행사장에서 하는 인사처럼 자신의 처지나 상황상 하지 않으면 안 되는 이야기들이다. 이것들은 비교적 긴장하기 쉬운 경향이 있다.

그것과 반대로 자신이 진심으로 하고 싶어서 하는 이야기라면 거기에 정신이 팔리기 때문에 긴장 따위는 느낄 새도 없이 박진감 있게 이야기를 할 수가 있다.

예전에 TV 출연 경험이 없는 젊은이들이 '토론의 장' 프로그램에 나와 자유토론 시간을 갖는 것을 보게 되었다. 거기에 나온 젊은이들은 TV에 처음 나왔음에도 불구하고 자신들이 하고 싶은 말을 열심히 하고 있었다. 그들의 눈에서는 빛이 났고 긴장하는 기색이라고는 도저히 찾을 수가 없었다.

생방송으로 진행되는 다른 프로그램에서는 어느 대학교수와 작가가 나왔다. 그들은 처음에는 긴장한 것 같았지만 논쟁이 뜨거워지고 자신의 견해에 대한 질문을 받으니 언제 긴장했냐 싶게 열정적으로 말을 하였다.

하지만 결혼피로연의 축사라든가 취임인사, 조회, 환송·환영회의 인사 등 어쩔 수 없이 해야 하는 말하기라면 무척 긴장하기 쉽다. 가능하면 피하고만 싶은데 꼭 해야만 하는 상태로 내몰리게 되니 이런 강요가 불안과 공포로 이어져 스스로 제어할 수 없을 만큼 긴장하게 만드는 것이다.

이것을 해결할 수 있는 방법이 있다. 피하고 싶은 말하기를 별로 긴장하지 않고 '말하고 싶은 이야기'로 전환시키는 열쇠를 충분히 준비해 두면 된다.

결혼피로연의 경우 "축사는 제발 봐줘. 차라리 노래를 부를게"라고 말하는 사람이 있다. 이런 사람들은 대개 노래를 잘한다. 노래방에서 늘 노래 연습을 한다. "그럼 노래라도 좋으니까 잘 부탁해"라고 하면 더 열을 올리면서 연습한다.

원래부터 잘하는 노래에다가 더 맹렬히 연습을 하니 자신감이 붙는 건 당연하다. 그러니 '내 노래를 어서 빨리 들려주고 싶은 걸' 하는 욕구가 강하게 꿈틀거리게 되는 것이다. 이런 강한 욕구가 있기에 사람들 앞이어도 그다지 긴장하지 않고 노래를 부를 수 있는 것이다.

충분한 준비를 하면 자신감도 솟아난다

말하기를 꼭 해야 하는 상황일 때 준비를 충분히 한다면 '어서 빨리 시작했으면 좋겠다'라는 의욕이 더 강하게 일어날 것이다. 하지만 사람들 대부분은 준비방법을 모르기 때문에 자기 나름대로는 준비를 많이 했다고 생각한다. 하지만 그 정도로는 준비를 했다고 말하기가 힘들고 결국 자신감도 가질 수 없기 때문에 실전에서 긴장하는 것은 불 보듯 뻔한 노릇이다.

머릿속으로 준비한 것만으로는 긴장하는 성격을 완전히 몰아내기란 무리라고 봐야 한다. 이해하기 쉽게 문장을 만들어서 소리를 내며 연습하는 것이 제일이다.

가족이나 친구를 앉혀 놓고 말을 해 본다거나 테이프에 녹음하여 직접 들어본다거나 해보자. 초시계로 시간을 재고 실제로 이야기하게 될 연회장의 규모나 청중의 수를 이미지로 그리면서 몇 번씩 소리를 내어 연습해 볼 것을 권한다. 여기까지 연습을 하여야 비로소 연회장에서 자기 이야기를 들려주고 싶다는 욕구가 용솟음치게 되고, 이런 마음속 깊숙한 곳에서 솟아오르는 욕구가 긴장하는 마음을 억누르는 데 큰 효과를 발휘한다.

이렇게 충분한 준비를 함으로써 '빨리 많은 사람들 앞에서 이야기하고 싶다는 욕구가 생긴다 → 충분한 준비를 하고, 강한 의욕을 갖고 사람들 앞에 서면 당연히 이야기는 성공한다 → 많은 사람들로부터 박수와 칭찬을 받는다 → 자신감이 생기고, 그리고 다음번에는 좀 더 준비와 연습을 많이 해서 더 큰 성공을 거둘 수 있게 된다.'라는 성공 사이클을 갖게 된다. 이것을 이야기

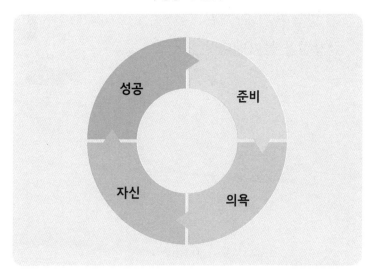

의 좋은 인과관계라고 부른다. 충분한 준비를 함으로써 이와 같
은 바람직한 인과관계가 형성되는 것이다.

준비나 연습을 하면 할수록 어서 빨리 사람들 앞에 나가서 이
야기하고 싶다는 의욕이 높아지고 긴장감은 점점 사라진다. 이
제는 청중이 어느 정도가 되든 상관없이 당신은 자신이 가지고
있는 실력을 마음껏 발휘할 수 있을 것이다.

한 한결 멋진 모습은
긴장감을 몰아낸다

지금 가장 있었으면 하는 약은?

사람들 앞에서 말하는 것이 익숙하지도 않은데 이야기 내용에
도 자신이 없으면 긴장감은 더욱 높아진다. 거기에 긴장까지 하
게 되면 마음의 동요가 그대로 표정이나 행동에 나타나게 되고
그 경직된 태도가 더욱 긴장감을 부르게 된다.

어떤 제약회사가 도쿄와 오사카의 직장인 500명을 대상으로
앙케트를 실시하였다.

"지금 약국에서는 팔고 있지 않지만 가장 있었으면 하는 약

은?"이라는 질문이었고 다음과 같은 대답이 나왔다.

① 사람들 앞에서 긴장하지 않는 약   26.3%

② 24시간 일해도 끄떡없는 약   18.3%

③ 기억력이 10배로 좋아지는 약   16.8%

④ 두뇌회전이 10배가 되는 약   16.1%

⑤ 이성 앞에서 매력이 10배로 늘어나는 약   1.7%

보다시피 사람들 앞에서 긴장하지 않는 약을 바란다고 대답한 사람이 다른 항목에 비해 압도적으로 많았다.

결혼피로연에서 축사를 하거나 노래를 부르기로 되어 있는 사람들 중에는 자기 차례가 다가오면 신경안정제를 먹거나 술의 힘을 빌리는 사람이 있는데 이것은 매우 위험한 짓이다.

긴장을 억누르기 위해 신경안정제나 술까지 먹고 자신을 안정시키려는 기분은 충분히 이해가 가지만 그런 것들을 먹으면 사고력이 둔해지면서 생각하고 있던 것이 잘 나오지 않게 될 가능성이 있다는 사실도 알아두어야 할 것이다.

특효약은 자신감 있는 태도를 취하는 것

사실 신경안정제나 술의 힘을 빌리는 것보다 더 약효가 좋은 것이 있다. 그것은 '자신감 있는 태도를 취하는 것'이다. 비록 사람들 앞에서 하는 이야기에 자신이 없더라도 자신감 있는 태도를 취하면 긴장감을 억제할 수 있다.

가령 결혼피로연에서 축사를 한다고 가정해 보자.

말하기에 자신이 없는 사람은 자리에 앉아 있을 때부터 자신감 없는 태도가 나타난다. 대기실에서 친구와 이야기할 때에도 이상한 소리를 내거나 굳어진 얼굴을 하다가 갑자기 크게 웃는다던지 혼자만 들떠 있는 것처럼 보인다. 그리고 피로연에서 자신의 차례가 다가오면 심장이 두근두근 조여 오고 태도도 안절부절못하고 불안해진다. 시선도 두리번두리번하는 게 어째 부자연스럽다.

사회자의 소개를 받아 앞으로 나갈 때의 걸음걸이를 보면 자신감 없는 태도가 그대로 드러난다. 앉아 있던 의자가 쓰러질 듯이 불안하게 일어나 종종걸음을 치며 나가는 사람이 있는데 이것은 이야기에 자신이 없기 때문에 빨리 나갔다가 돌아오려는 심리가 걸음걸이에 반영이 된 것이다.

마이크 앞에 서서도 몸을 계속 흔들다가 달랑 머리만 꾸벅인다. 그리고는 바로 "신랑, 신부 축하합니다"라며 이야기에 들어

가버린다.

이렇게 말하기에 자신이 없으면 말투와 표정, 행동에까지 그대로 나타나게 된다. 안정되지 못한 태도가 자기 자신에게 공포와 불안에 대한 암시를 주는 것이다.

가로 180cm 세로 50cm의 사람 세 명이 앉을 수 있는 책상이 있다고 하자. 이 위를 걸어가라고 하면 모두 쉽게 걷는다. 한 발로 껑충껑충 뛰면서라도 갈 수가 있다. 그 다음 책상까지 50cm 정도 간격이 떨어져 있어도 별 어려움 없이 갈 수 있을 것이다.

그렇지만 이 책상을 10층짜리 건물 옥상으로 들고 가서 옆 빌

딩 옥상과의 사이에 대놓고 "자, 이 책상을 건너라!"라고 한다면 과연 몇 사람이나 건널 수 있을까? 아마 많은 사람들이 책상에 착 달라붙어 꿈쩍도 하지 못할 것이다. '떨어지면 죽는 거야'라는 공포심에 휩싸여 밧줄에 꽁꽁 묶인 것처럼 얼어버리고 마는 현상이 벌어지는 것이다.

이것은 자신의 잠재의식에 스스로 부정적인 암시를 부여하여 자신의 능력을 말살시키는 전형적인 예이다.

사람들 앞에서 이야기를 하는 것도 같은 이치이다.

'사람들 앞에서 실패하면 비웃음거리가 되고, 자존심에 상처를 입는다'라는 공포심이 자기 자신에게 부정적인 암시를 주고, 그 결과 몸에까지 반응하게 만든다.

이런 때에 자기 자신을 안정시키는 가장 좋은 특효약은, 비록 자신이 없더라도 자신 있는 듯한 태도를 취하는 것이다. 다리가 부들부들 떨려도 가슴을 쭉 펴고서 큰 걸음걸이로 천천히, 그리고 당당히 걷는 것이다.

그리고 사람들 앞에 서자마자 곧바로 이야기를 꺼내지 않도록 명심하라. 왜냐 하면 이 순간이 긴장의 최고점에 도달해 있는 때여서 머릿속은 텅 비어 있고 눈앞은 캄캄한 상태이다. 여기서 자칫 당황하여 이야기를 꺼내면 마지막까지 이 상태에서 헤어날 수 없게 된다. 자신의 말하기 리듬을 잘 포착하기 위해서는 여기서 한 번 뜸을 들여야 한다.

　연회장을 잠시 쭉 둘러보고 나서 정중하게 고개를 숙여 인사를 하라. 그리고 머리를 숙인 시점에서 잠시 멈추었다가 천천히 고개를 들라. 이렇게 정중하게 인사를 하면서 자신의 리듬을 포착해야 하는 것이다. 그런 다음 "신랑, 신부 진심으로 축하드립니다"라며 침착하게 입을 열면 된다.

　데일 카네기는 "자신감에 찬 태도를 취하라. 마음속에서부터 즐거운 듯이 얼굴 가득히 웃음을 지어보자. 크게 심호흡을 하자. 그렇게 하면 공포감은 사라질 것이며 아마 스스로 놀랄 것이다"라고 말하였다. 자신감 있는 멋진 태도를 취한다는 것은 쉬워 보이지만 사실은 의외로 어렵다. 이것을 몇 번이고 연습하여 확실하게 몸에 배게 하여야 한다.

자신만의 동작을 취해 보자

　그래도 불안한 경우에는 사람들 앞에 나섰을 때 뭔가 동작을 취해 보는 것도 좋을 것이다.

　예를 들면 사람들 앞에 서서 인사를 하기 전에 가볍게 입술을 깨물어본다든지, 마이크를 스탠드에서 빼내 손에 쥐어본다든지, 시계를 풀러 잠시 글자판을 바라본 다음 연단 위에 올려놓는다든지와 같은 가벼운 동작을 취해 보는 것이다.

이것이 듣는 사람의 입장에서 보면 안정되고 멋있게 보인다. 말하는 사람 자신도 이 동작에 의식을 집중함으로써 안정을 되찾을 수 있다.

다만, 마이크를 든 손이 부들부들 떨린다면 스스로 더 긴장할 가능성이 있으므로 조심하지 않으면 안 된다.

이렇게 몇 가지 동작을 취하며 감정을 조절하는 것에 대해 그것은 이성적으로 불가능한 일이라고 말하는 사람도 있지만 이것은 큰 착각이다.

감정이란 모든 인간이 본능적으로 가지고 있는 것이다. 감정을 이성의 힘으로 조절하려고 하면 감정과 이성이 마음속에서 싸우게 된다. 감정이 이기는 경우도 있고, 이성이 이기는 경우도 있다. 이성적인 사람은 이성의 힘으로 감정을 굴복시켜 이성을 따르게 만들 수 있다.

그렇다면 사람들 앞에서 긴장을 조절해야 할 때 왜 어떤 동작들을 취하면 효과가 있을까?

인간이 공포심에 휩싸여 긴장을 하게 되면 이성의 기능이 악화된다. 그리고 마음속은 계속 긴장상태가 이어지게 되는 것이다. 이때 어떤 동작을 취함으로써 긴장한 감정을 안정시키려고 조절하는 것이다.

자신감에 찬 듯한 태도를 취한다든가 뭔가 동작을 취하는 것은 하나의 연기지만, 이것을 몇 번씩 지속하다 보면 당신의 모습으로 자리를 잡아갈 것이다.

다 다 경험이 중요하다.
횟수를 거듭해보라

경험이 자신감을 낳는다

공포심을 극복하고 많은 사람들 앞에서 훌륭하게 이야기할 수 있는 자신감을 붙이기 위해서는 경험을 쌓아야 한다. "사람들 앞에서 이야기를 하는 게 두려워요. 특히 결혼피로연에서 하는 축사는 정말 싫고요"라고 말하는 사람이 많다. 그러나 이렇게 결혼피로연에서 축사하는 것을 두려워하는 사람이 가령 일주일에 한 번씩 결혼식에 참석하여 축사를 한다고 가정해 보자. 아마 이 사람은 두 달도 채 되지 않아 자신감을 갖고 당당히 말할 수 있게 될 것이다.

　대부분의 사람들이 결혼피로연에 참석하는 경우는 1년에 몇 차례 안 될 것이다. 거기에 축사까지 할 수 있는 기회는 그 몇 분의 1인가가 될 것이다. 그런데 일주일에 한 번씩 결혼피로연에 참석하여 축사를 한다면 사람들 앞에서 말하는 것에서 두려움을 느끼기는커녕 자신감마저 싹트게 될 것이다.

　당신은 지금 자전거를 잘 탄다든가 수영을 잘 한다든가, 또는 자동차 운전에 자신이 있든가 할 것이다. 그러나 처음에 자전거를 탔을 때를 떠올려보라. 몇 번씩 넘어졌던 경험이 있지 않은가? 처음에는 자전거를 타는 게 무서웠을 것이고, 처음으로 수영을 하러 물에 들어갔을 때도 쑥 가라앉을 것만 같아 물이 무서웠을 것이다. 면허를 따고 처음으로 차를 끌고서 거리로 나갔을 때도 맞은편에서 차가 달려오기라도 하면 자기도 모르게 브레이크를 밟은 적이 있을 것이고 운전이 무서웠을 것이다.

　그러나 무섭다고 해서 그대로 도망친다면 아무리 시간이 흘러도 그 두려움을 깨뜨릴 수가 없다. 잘 하는 사람에게 요령을 배우고 무서워도 참아가며 몇 번씩 연습을 했을 것이다. 그렇게 두려움과 맞선 결과 지금은 자신 있게 자전거를 탈 수 있으며, 또한 물에 들어가 수영을 할 수 있는 것이고, 여유를 부리며 운전을 할 수 있는 것이다.

자신감을 갖는다면 긴장은 극복된다

프로나 유명한 사람들을 보라. 그들은 실전의 날까지 우리의 상상을 초월하는 연습을 거듭한다. 물론 기술적인 향상도 기대할 수 있지만 그보다는 같은 행동을 반복함으로써 스스로에게 자신감을 불어넣기 위한 것이다. '배우기보다는 익숙해져라'의 정신이다.

텔레비전의 보도 프로그램 등에는 해설자가 등장한다. 텔레비전에 처음 출연하는 해설자는 금방 표시가 난다. 처음부터 긴장하고 흥분한다. 초점이 흔들리는 불안한 시선으로 안정되지 못한 상태에서 이야기를 하기 때문에 내용도 초점에서 벗어나 있거나 흐름이 이어지지 않기도 한다. 이는 처음 경험하는 긴장감과 '실패하면 어쩌지' 하는 공포감이 강하게 작용하고 있기 때문이다. 그러나 이렇게까지 긴장하던 해설자도 일주일이나 열흘이지나면 침착한 태도를 보이면서 적절한 멘트를 달기에 이른다.

화법교실에는 3개월 코스가 있는데, 매달 실습시간을 갖고 있다. 한 명씩 앞에 나와 말하기를 하는 것인데, 처음에는 사람들앞에 서는 걸 죽기보다 더 싫어하는 사람이 있다. 그러나 거기서 그만둬버리면 앞으로 살아가면서 사람들 앞에서 긴장하는 성격을 영원히 극복할 수 없을 것이다.

화법교실에서는 사람들 앞에서 능숙하게 이야기하는 데 필요한 규칙과 요령을 공부하고, 실습을 통해서 경험을 쌓아간다. 첫 달에는 좀 괴롭더라도 결코 중단하지 않는다. 둘째 달에는 사람들 앞에서 이야기하는 데 상당히 익숙해진다. 셋째 달 정도가 되면 사람들 앞에서 말하기를 하는 것에 즐거움마저 느끼게 된다.

화법교실에서 실시하는 실습시간에는 강사가 한 명씩 돌아가며 잘하고 잘못한 점을 정중하게 비평해 준다. 그러면 같은 반 수강생들은 따뜻한 박수를 보낸다. 이 순간 성공의 기쁨이 피부에 와 닿는다. 작은 성공이 큰 자신감으로 이어지게 되는 것이다.

데일 카네기는 "자신감은 곧 공포에서 해방되는 것이다"라고 말하였다. 당신이 자신감을 갖는다면 공포를 쫓아낼 수 있다. 그렇게 되면 '긴장감을 극복하고 싶다'는 숙원도 이룰 수 있을 것이다.

3장

긴장하지 않기 위해
필요한 준비

준비하지 않으면 긴장할 수밖에 없다

제대로 준비해 봤는가?

우리는 '긴장'이라는 단어 한마디로 쉽게 표현해버리고 말지만 사실 긴장에는 '가벼운 긴장'이 있는가 하면 '강도가 센 긴장'도 있다.

자신의 순서를 기다릴 때는 심장이 마구 뛰다가도 일단 사람들 앞에 나가서 이야기를 시작하면 긴장감이 해소되면서 안정을 찾아가는 사람이 있다.

반대로 사람들 앞에 나가면 점점 더 긴장하여 눈앞이 캄캄해지고 손발이 덜덜 떨리며 목소리는 개미 소리만도 못해지고 준비했던 이야기의 순서가 뒤죽박죽으로 섞여 엉망이 되어버리는 사람도 있다.

막상 실전에 들어가서는 긴장감에서 해방되어 자신의 리듬을 찾아 이야기하는 사람들은 대부분 사전 준비를 게을리 하지 않고 열심히 준비해 온 사람들이다. 게다가 그들은 정신적으로 여유도 갖고 있다. 하지만 이렇게 만반의 준비를 하는 사람은 매우 적다.

대부분의 사람들은 준비도 제대로 하지 않은 채 사람들 앞에 나서기 일쑤다. 결국 긴장감을 없애지 못한 채 말하기 콤플렉스에 빠져버리고 마는 것이다.

'실패하면 어쩌지?' 하는 공포감은 준비가 부족할 때일수록 더욱 강렬하게 몰려온다. 자신은 준비를 많이 했다고 생각할지 모르나, 실제로 효과가 오르지 않는다면 준비를 하지 않은 것과 같다.

'어쨌든 성공시켜야 해'라는 생각으로 생산적이지 않은 준비에만 시간을 들이다가 실전을 맞이하는 사람들이 많다. 결국 자신의 이야기에 자신감을 가질 수가 없으며, 사람들 앞에서 긴장하지 않는 게 오히려 이상한 일이다.

짧게 말하는 게 더 어렵다

자기 나름대로든 뭐든 준비를 하는 사람은 그나마 괜찮은 편이고, '겨우 3분 동안 말하는 건데 뭐' 하며 전혀 준비를 하지 않는 사람도 있다. '그 정도는 연회장에 가서 생각해도 돼. 그때 상황을 봐가면서 해야지'라며 마치 운에 맡겨버리는 것 같은 상황이 벌어지기도 한다.

그러나 이런 생각은 가당치도 않은 착각일 뿐이다. 말을 잘 못하는 사람들일수록 이런 생각을 갖는 경향이 있는데 이런 정신상태라면 아무리 시간이 흘러도 긴장감이 주는 공포에서 해방되지 못한 것이다.

'오랫동안 이야기하는 건 어렵지만, 겨우 3분 정도 떠드는 건 식은 죽 먹기지'라고 생각하는 것은 큰 오산이다.

사실은 짧은 말하기일수록 더 어려운 법이다. 왜냐 하면 1시간이나 2시간 정도의 긴 말하기는 시간적으로도 여유가 있기 때문에 내용 자체가 승부의 관건이 된다. 따라서 특별히 이야기의 서두를 어떤 내용으로 할지, 몸짓은 어떻게 해야 하는지 크게 고민할 필요도 없고, 어휘를 선정하는 문제 또한 신경 쓰지 않아도 된다. 말하는 도중에 이야기가 삼천포로 빠지더라도 다시 본론으로 돌아올 수가 있다.

그러나 말하는 시간이 3분 정도라면 아주 짧은 시간 안에 자신이 하고 싶은 말을 전부 토로하지 않으면 안 된다. 따라서 필요 없는 말은 생략하고 최소한의 말로만 진행해야 한다. '에'나 '아' 혹은 '저기'와 같은 입버릇도 다 없애지 않으면 도저히 시간 안에 끝내지 못한다.

자신이 하고 싶은 말을 간결한 문장으로 표현하고, 듣는 사람이 잘 이해하도록 만들려면 충분한 준비가 필요하다. 다시 말해, 3분 동안 말하는 것은 1시간 동안 이야기하는 것보다 몇 배나 더 많은 준비를 해야 한다.

또한 말하기를 준비한다는 것은 많은 사람들에게 자신의 장점을 인정받을 수 있는 기회임과 동시에 말하기를 부탁한 사람에게도 자신의 성실함을 보여주는 계기가 된다. 따라서 말하기를 해달라는 부탁을 받으면 그 날부터 곧바로 준비에 돌입하지 않으면 안 된다.

태어날 때부터 말을 잘 하는 사람은 없다. 말하기를 잘 하는 사람은 보이지 않는 곳에서 충분한 준비를 착착 해나가고 있다는 사실을 깨달았으면 한다.

우리가 사람들 앞에서 이야기하는 경우는 3분 정도의 짧은 경우가 압도적으로 많다. 3분은 가장 어려운 이야기를 해야 하는 시간이라는 사실을 명심해 주기를 바란다.

충분히 준비를 해두면 불안은 사라지고, 오히려 사람들 앞에서 빨리 이야기하고 싶다는 의욕을 불사르게 된다. 이것이 긴장감을 극복할 무기인 것이다.

사람들 앞에서 긴장하는 원인과 대책은 뭘까?

대부분의 사람들이 말하기 준비방법을 제대로 알지 못한 채 무턱대고 준비를 한다. 그러니까 '노력은 많이 했는데 성과가 적어요'라는 말을 하게 된다.

준비방법에도 기본이 있다. 이 기본을 확실히 익혀두면 사람들 앞에서 이야기하는 것도 매우 쉬워지고 큰 성과로도 이어지게

| 사람들 앞에서 능숙하게 이야기하기 위해서는 |

사람들 앞에서 능숙하게 이야기할 수 없는 원인 세 가지	사람들 앞에서 이야기를 잘 하기 위해 필요한 준비 세 가지
1. 이야기할 소재가 없다. 2. 이야기의 짜임새를 제대로 갖추고 있지 못하다. 3. 연습이 부족하다.	1. 이야깃거리를 모은다. 2. 모은 이야깃거리로 이야기를 짠다. 3. 실전을 상상하며 연습한다.

된다.

사람들 앞에서 능숙하게 이야기하지 못하는 이유는 무엇일까? 그 원인은 도표에 나타낸 바와 같이 크게 세 가지로 나눌 수 있다. 이 원인들을 제거할 준비를 해두면 사람들 앞에서 이야기하는 일 따위는 전혀 두렵지가 않을 것이다.

① 자료를 모으는 것은 지극히 평범한 준비이고,
② 이야기의 구조를 짜임새 있게 세우라.
③ 연습은 이야기의 짜임새가 완성되는 대로 실제라고 생각하면서 해야 한다.

이렇게 준비를 확실하게 해두면 실전에서는 자신감을 갖게 되고 원하는 바를 이룰 수 있을 것이다.

이야기 소재는
어떻게 모을까?

이야깃거리를 만들어라

아무리 솜씨가 뛰어난 요리사라도 재료가 없으면 요리를 만들 수 없는 법이다. 바꿔 말하면, 요리를 만들어본 경험이 없는 사람일지라도 재료가 갖춰지면 어떻게 해서든 요리 비슷한 것을 만들어낼 수는 있다.

이야기의 경우도 마찬가지다. 재료만 있으면 말하는 것이 그리 힘들지만은 않다. 그 재료가 다른 사람들은 모르는 새로운 정보라면 자신이 먼저 말하고 싶은 의욕마저 꿈틀거린다.

동기에게서 회사 일급비밀에 관한 이야기를 들었다고 하자. "자네에게만 이야기하는 건데……" 하며 정말 깜짝 놀랄 만한 뉴스를 말해주는 것이다. 그렇다면 당신의 기분이 어떨까? 아마도 다른 사람이 모르는 그 특급 뉴스를 다른 누군가에게 말하고 싶은 충동에 사로잡히지 않을까?

이야기 재료는 당신의 이야기가 사느냐 죽느냐를 가르는 잣대가 된다. 다른 사람들은 모르는 뉴스, 다른 사람들의 호기심을 불러일으킬 만한 것, 듣는 사람의 지식 욕구를 충족시키거나 공감을 불러일으킬 수 있는 것 등은 특히 환영 받는 재료이다.

이런 재료를 가지고 이야기를 하면 듣는 사람을 금세 끌어들이는 설득력 있는 이야기로 거듭날 수 있다.

짧게 말하고 재료는 살린다

말하기의 성패를 가르는 것은 재료이므로 가능한 한 좋은 재료를 많이 모으는 것이 좋다. 그런데 이 재료라는 것은 다른 사람 앞에서 이야기하는 단계에서는 아무리 찾으려 애써도 좋은 재료를 발견하기는 힘이 든다. 이미 당황한 상태이기 때문이다.

그렇기 때문에 평소에 설명회용, 조회용, 결혼피로연용, 골프모임용, 동창회용 등 몇 가지 테마를 미리 정하여 수집해 두어야

한다. 그러면 예상치 못한 곳에서 갑자기 이야기할 기회가 생기더라도 당황하지 않고 훌륭히 말할 수 있는 것이다.

골프시합에서
우승한 사람의 인사말

오늘 뜻밖에 제가 우승을 하게 되었네요. 영광입니다. 골프에 미숙하기 그지없는 사람인 제가 우승을 하게 된 것은 네 가지 조건의

덕을 봤기 때문입니다.

첫째는 시합 진행을 맡으신 간사님의 세심한 배려 덕분입니다. 시합 안내문에 적힌 글이 무척 따뜻하게 느껴졌습니다. 그리고 제가 오늘 아침에 클럽하우스에 도착하자 현관에서부터 맞아주셔서 무척 감동 받았습니다.

두 번째는 멋진 골프장이 있다는 사실입니다. 구석구석까지 세심한 손길이 닿은 코스와 멋진 경관, 그리고 상쾌한 공기 덕분에 유쾌한 경기를 할 수 있었습니다.

세 번째는 동료 파트너를 잘 만난 덕입니다. 저는 오늘 ○○씨, △△씨, ××씨와 함께 돌았는데, 시종일관 웃을 수 있게 해 주어 즐겁게 경기를 펼칠 수 있었습니다.

그리고 네 번째는 뭐니 뭐니 해도 오늘의 스코어에 운이 따랐다는 것입니다. 저도 깜짝 놀랐습니다만, 지금 생각해 보니 그것이 오늘 승리의 가장 큰 요인이었다고 봅니다.

이렇게 제가 우승한 사실에 대한 감사의 말씀을 대신하고자 합니다. 감사합니다.

(회사원·33세·남성)

짧은 시간 안에 이런 인사말을 하면 어떻겠는가? 연회장은 즐거운 분위기로 화기애애해지고 당신은 인사말을 듣는 사람들의 인상에 깊게 남을 것이다. 이것은 평소에 재료를 열심히 모았다가 말하기에 잘 응용시키는 것을 보여준 좋은 예이다.

그런데 골프시합에서 모처럼 좋은 스코어를 보이며 우승에 다가서고 있는데, 나중에 우승한 사람이 인사말을 해야 하는 게 싫어서 18번 홀이 되면 일부러 OB(out of bounds)에서 몇 타를 더 치다가 스스로 탈락하는 사람도 있다. 발언 기회를 피하는 것은 골프뿐만 아니라 인생의 승부에서도 스스로 탈락한다는 것을 알지 못하는 사람이다.

한편, "저 사람은 이야기를 참 잘하는군", "저 사람은 항상 재미있는 이야기를 잘 해"라는 평을 듣는 사람이 있다.

3분이라는 짧은 시간 동안 항상 듣는 사람의 시선을 끌면서 즐겁게 이야기할 수 있는 것은 평소부터 틈틈이 재료를 모으고 있기 때문이다. 말을 잘한다는 평가를 받는 사람들은 다른 사람의 눈에 띄지 않는 곳에서 열심히 노력하고 있다는 사실을 꼭 명심하였으면 한다.

아무런 노력도 하지 않고 재미있는 이야기를 술술 하기를 기대할 수는 없다. 재료는 이야기의 생명줄이다. 당신의 이야기를 살릴 수도 죽일 수도 있다. 평소에 마음의 준비를 하면서 당신도 오늘부터 이야기의 재료를 많이 모으길 바란다.

자신이 경험한 것들은 이야기 재료의 보물창고

관심을 갖고 이야기 재료를 찾는다

많은 사람들은 이야기의 재료가 얼마나 소중한가를 모르기 때문에 재료를 모으려는 생각조차 하고 있지 않다. 우연한 기회에 정말 좋은 재료를 만나더라도 눈앞에서 놓쳐버리고 결국 손아귀에는 아무 것도 쥐지 못하게 되는 이유이다.

지금부터라도 '좋은 이야기 재료가 뭐 없을까?', '이 이야기는 어디에 사용할 수 있을까?'라며 주위에 항상 관심을 갖고 재료를 찾으려는 노력을 하길 바란다. 그렇게 하면 반드시 좋은 재료가 손에 들어오고, 재료를 모으는 일들이 더욱 즐거워질 것이다.

컴퓨터에는 일체 관심이 없던 초로의 한 남성이 어느 날 홋카이도에 사는 손녀딸로부터 편지를 받았다. 할아버지와 매일 메일(mail) 교환을 하고 싶다는 것이었다. 그는 손녀딸과 매일 편지를 주고받을 수 있다는 생각에 너무 기뻐서 컴퓨터를 한 대 사기로 결정했다.

컴퓨터에 관심을 가진 그 날부터 컴퓨터에 관한 온갖 정보가 그에게 쏟아졌다. 제품을 만든 회사나 기종에 관한 것에서부터 부속품에 관련된 것까지 지금까지 상상도 못했던 정보가 많이 모였다. 그 결과 이 초로의 남성은 컴퓨터와 관련된 지식이 꽤 풍부해져서 친구들 사이에서도 뭐 좀 아는 사람으로 통하게 되었다.

이야기의 재료를 모으려는 관심만 갖는다면 듣는 사람도 함께 변화되고 지금까지는 잘 보이지 않았던 것들도 보이게 될 것이다.

이야기 재료는 주변에 흘러넘친다

여러분은 태어나면서부터 지금까지 여러 가지 체험을 해왔을 것이다. 그 중에서도 특히 가슴속에 남은 것, 감동한 것, 분했던 것, 슬펐던 것, 기뻤던 것까지 모든 체험들이 이야기의 좋은 재료가 된다. 사람들이 가장 듣고 싶어 하는 것은 당신의 체험담이기 때문이다.

말하는 사람의 입장에서도 자신의 체험을 이야기하는 것이기 때문에 자신감을 갖고 박력 있게 이야기할 수 있다. 특히 성공한 자랑거리보다는 분노가 끓어올랐던 일이라든가 실패했던 쓰라린 체험은 듣는 사람들이 더 귀를 열고 듣는다.

여러분의 인생 체험은 이야기 재료의 보물창고이고, 이것을 가치 있는 재료로 살리느냐 그렇지 못하느냐는 여러분 각자의 마음가짐에 따라 달라진다.

다른 사람의 경험도 이야기 재료가 된다

다른 사람의 이야기도 재료로 모은다

여러분 자신의 체험이 이야기 재료의 보물창고이듯, 다른 사람들이 각양각색 겪은 체험 또한 귀중한 이야기 재료이다. 그러므로 다른 사람의 체험도 이야기 재료로 모으기 바란다.

현대는 정보화 시대라고 일컬어지는 만큼 신문, 텔레비전, 혹은 인터넷 등에서 간단히 다른 사람들의 체험을 손에 넣을 수 있다. 정보가 된 이것들을 자신의 이야기에 잘 활용한다면 이야기의 재료는 무궁무진할 것이다.

다른 사람의 체험을 자신의 이야기 재료로 활용한 직장인의
사례를 소개한다.

무례함을 사과하지 않았던
슈퍼마켓의 대응

사례

여러분, 안녕하십니까? 저는 영업2과에 근무하는 오기무라 겐이
찌라고 합니다. 저는 오늘 이 자리에서 손님의 어려움에 대해서는
진심으로 사과하자는 말씀을 드리고자 합니다.

어제 닛케이 신문의 투서란에 다음과 같은 기사가 실렸습니다.

"한 대형 슈퍼마켓의 선전 광고물에 누군가의 실수로 우리 집 전
화번호가 기재되고 말았습니다. 덕분에 몇 번씩이나 잘못 걸려 온
전화를 받아야 했습니다. 그때마다 전화번호를 다시 가르쳐주기도
하고 설명을 하기도 하면서 큰 곤혹을 치렀습니다.

그런데 내가 그 슈퍼에 항의를 하자 '그런 불편사항 업무는 총무
부나 고충 처리반으로 다시 걸어주십시오'라고 요구하는 것이었습
니다. 어쩔 수 없이 다시 전화를 걸었습니다. 그런데 내게 돌아오는
대답이란 게 '전화를 건 상대를 조심하세요'라는 것이었습니다. 자
신들의 실수를 인정하고 무례를 사과하는 자세는 전혀 느낄 수가

없었습니다."

라고 적힌 내용입니다. 이것은 비단 남의 회사 이야기만은 아닙니다. 우리 직원들이 어떻게 손님을 대해야 하는지 본보기로 삼고 싶습니다.

요즘같이 지속되는 불경기에는 단 한 명의 손님조차 불러들이기가 어렵습니다. 그런데 손님에게 불신감을 심어준다면 우리 회사에 막대한 손해를 끼칠 것입니다. 우리 회사에도 손님들이 자주 불평신고를 해옵니다. 불평신고야말로 성심성의를 다해 사죄의 말씀을 드리지 않으면 안 된다고 생각합니다.

오늘 조회는 손님의 불평에 대해 진심으로 사과하자는 이야기로 마치겠습니다.

(회사원·33세·남성)

부지런히 메모하는 습관을 들이자

이야기 잘 하는 사람들의 비밀은?

　다른 사람의 이야기를 듣거나 또는 텔레비전을 보거나 라디오를 듣다가 '앗, 이건 좋은 이야깃거리가 되겠군' 싶으면 그 장소에서 바로 메모하는 습관을 들이자.

　'나중에 써야지' 하다 보면 거의 잊어버리고 만다. '망각이란 아주 잊는 것이다'라는 말도 있지만, 인간의 기억력만큼 믿을 수 없는 것도 없다. '아까 좋은 이야기를 들었는데 뭐였더라……' 하며 아무리 기억을 떠올리려 해도 떠오르지 않는 경우도 많다.

125

　항상 재미있는 이야기를 하는 사람, 이야기를 잘하는 사람일 수록 메모를 하며 재료를 모은다.

　평론가인 고(故) 오타쿠 소이치 씨는 메모광이라 불릴 정도로 메모를 자주 했다고 한다. 오타쿠 씨는 전철을 타고 가면서 주위 사람들의 대화를 듣고도 메모를 했다. 연회석상에도 반드시 연필과 종이를 가지고 갔다. 그리고 사람들이 하는 좋은 이야기를 들으면 그 즉시 메모했던 것이다.

　이것은 메모광이라고 불리는 사람들만의 이야기가 아니다. 바로 우리에게도 적용해야 하는 습관이다. 여러분도 오늘부터 메모하는 습관을 들이기를 바란다.

이야기 재료는 잘 모아 두자

신문이나 잡지를 읽더라도 좋은 재료를 발견하면 오려서 모아 두도록 하자. 이것도 '나중에 오려야지' 하고 미루면 깜빡 잊고 만다. 놓친 물고기는 크게 보이는 법이다. 잘 모아 두면 귀중하게 쓰일 텐데 정말이지 후회가 막심해진다.

그러므로 눈에 띄는 기사가 있으면 언제라도 오릴 수 있도록 주위에 칼을 비치해 두면 좋을 것이다. 만약 가족들이 아직 읽지 않은 신문이라면 오릴 곳을 빨간 색연필로 동그라미를 쳐놓도록 하자.

오린 자료는 두꺼운 흰 종이에 붙이고, 여백에는 신문이나 잡지 이름, 날짜, 〈조회〉나 〈피로연〉 등 무엇에 쓸 수 있는지를 써넣는다. 아울러 그 당시 느낀 점도 덧붙여 두면 그야말로 금상첨화다. 만약 시간이 없으면 두꺼운 종이에 붙이지 않아도 좋다. 기사의 뒷면에라도 무슨 신문이며 날짜는 언제였는지를 간단히 기입해 두도록 하자.

이렇게 평소부터 이야기 재료를 차근차근 모으고 잘 정리해 두면 갑자기 말하기를 부탁 받더라도 이야기할 거리가 없어 곤혹스러워하는 일은 사라진다.

이야기 재료를 찾는 안테나를 작동시키자

예리한 관찰력이 무기

"좋은 이야기는 눈을 어떻게 사용하느냐에 따라 결정된다"는 말이 있다. 관찰력을 예리하게 작동시키지 못하면 좋은 이야기 재료를 손에 넣을 수 없다는 뜻이다. 좋은 재료를 가지고 있으면 사람들 앞에서 빨리 이야기하고 싶은 의욕이 솟아오르는 법이다.

'좋은 재료가 어디 없을까?' 하며 늘 안테나를 길게 뽑아 사방으로 둘러쳐 놓으면 눈은 반짝반짝 빛이 나며 생동감이 흐르게 된다. 늘 빛나는 눈으로 사물을 보는 것이 중요하다.

우리도 어린 시절에는 관찰력이 예리하고, 호기심이 왕성해 무엇이든지 보고 싶어 했다. 누구나 어린 시절에 집 바깥에 웅크리고 앉아 개미의 행동을 유심히 관찰했던 적이 있을 것이다. 아이들은 사물을 진지하게 관찰함으로써 많은 지식을 흡수한다. 때문에 아이들은 어른이 모르는 것도 많이 알고 있는 것이다.

하지만 무슨 이유인지 우리는 어른이 되어가면서부터 이 예리한 관찰력이 퇴보한다. '봐도 보지 않은 듯, 들어도 들리지 않는 듯' 무관심한 사람이 되어버리는 것이다.

통근시간을 어떻게 쓸 것인가

일반 회사원들의 평균 통근시간은 1시간 30분 정도라고 한다. 이 통근시간을 보람차게 이용하여 자기계발을 해보자.

우선은 집에서 나와 역까지 걸어가면서 주변의 풍경을 아주 자세하게 관찰해 보는 것이다. 왠지 새삼스러운 것 같긴 하지만 사계절의 변화, 나무들의 아름다움, 거리의 경관이 눈에 들어올 것이다. 이것만으로도 이야기의 재료가 된다.

설령 러시아워로 인해 전철 안에서 꼼짝달싹하지 못할 지경이 된다 해도 주변을 둘러보는 것은 가능하다. 이야기 재료를 모은다는 의식을 갖고 관찰을 해보자. 사람들의 표정, 머리 모양, 복장, 가지고 있는 물건, 대화, 매너, 습성 등을 신경 쓰면서 관찰을 해보면 새로운 시대 흐름, 감각, 유행, 소비동향 등을 읽을 수 있게 된다.

관찰능력이 뛰어난 사람일수록 청중을 확 잡아끌고, 재미있는 아이디어나 새로운 발상을 쉽게 만들어낸다. 회의 등에서 적극적으로 건설적인 발언을 하는 사람은 이런 능력을 갖추고 있는 사람이라고 말할 수 있다. 똑같이 통근시간을 보내도 아무것도 하지 않고 멍하니 앉아 있는 사람과 비교하면 하늘과 땅 만큼의 차이가 난다고 할 수 있다.

좋은 재료를 모으기 위해서는 항상 예리한 관찰력을 활용해야 한다. 예리한 관찰력을 활용시켜 그 현장 상황을 유심히 봐두면 그 일에 대해 구체적으로 이야기할 수 있게 된다.

지적인 호기심을
발동시키자

문제의식을 가지고 사물을 보라

　일상생활을 하면서 '어째서일까?', '왜일까?'라는 지적인 호기심을 작용시키는 것이 중요하다. 아무런 느낌 없이 보았던 것도 '어째서?', '왜?'라는 생각을 갖고 깊이 파고들어 가보면 거기서 새로운 발견을 할 수 있다.

너구리 도자기로 얻은
이야기 재료

얼마 전 회사 선배와 영화를 보고 나와 길가에 있는 한 초밥집에 들어갔어요. 그 초밥집 입구에는 너구리 모양의 도자기가 놓여 있었지요. 여러분도 보신 적이 있을 거예요. 거리에서 흔히 보는 것이지요. 그런데 그 너구리에 어떤 의미가 있는지 알고 계시나요?

저도 그동안 수없이 보았었지만 별로 신경 쓰지 않고 무심히 지나쳤었는데 화법교실에서 "주위의 사물에 대해 문제의식을 가져라. 그렇게 하면 이야깃거리가 모인다"고 하는 말을 들었기 때문에 즉시 실행해 보기로 마음먹었지요.

마침 가게 안은 한가하여 '찬스!'라고 생각하고 요리사인 주인에게 물어보았습니다.

"가게 입구에 너구리 도자기요, 다른 가게에서도 자주 보는데 어떤 특별한 의미라도 있는 건가요?"

"아, 저 너구리 도자기 말입니까? 좋은 질문 하셨습니다. 그건 말이죠. 너구리를 '다누키'라고 발음하지 않습니까? 다누키(他拔き)라는 발음에는 '다른 것을 뺀다'라는 뜻도 있죠. 그러니까 다시 말해, 같은 업에 종사하는 다른 가게들을 물리치고 보다 번성하라는 뜻이

죠. 그리고 머리에 커다란 삿갓을 쓰고 있잖아요? 그건 온갖 재해로부터 몸을 지킨다는 의미죠. 그리고 너구리가 눈을 힐끔 하고 옆을 바라보고 있는데, 그것은 항상 사방팔방을 조심하라는 뜻이고요. 한 손에 주둥이가 긴 술병을 들고 있는 것은 평생 이득을 보아 이롭기를 바라는 것이고, 그 술병에 한자로 쓴 여덟 팔자(八)가 동그라미 안에 들어 있는 마크가 있죠? 그것은 인간이 별로 욕심을 내지 않고 적당히 차지하면 세상이 둥글둥글하게 원만해진다는 것을 말하죠. 그리고 그 너구리는 배가 불룩하게 튀어나와 있어요. 그건 사소한 일에 끙끙대지 말고 배짱 있게 나가면 훗날엔 성공한다는 뜻이죠. 그래서 꼬리의 끝도 굵직합니다."

라고 설명해 주더군요.

항상 단순하게만 바라보던 너구리 도자기에 이런 재미있는 뜻이 담겨져 있다는 걸 처음으로 알았습니다. 나는 아저씨의 말을 들으면서 열심히 메모를 했지요.

'어째서?', '왜?'라는 문제의식을 가졌기 때문에 이런 훌륭한 재료를 모을 수 있었던 것입니다.

(사무원·23세·여성)

화법교실은 '세 치 혀끝'의 공부를 하는 곳인가?

사례

"화법교실? 세 치 혀끝으로 사람들을 교묘하게 구워삶는 법을 배우는 데 아니야? 그런 곳에 공부하러 다니는 거야?"

저는 직장 동료들에게 이런 비웃음을 당하고 있었습니다.

화법교실은 결코 세 치 혀끝으로 하는 말을 공부하는 곳이 아닙니다. 행복한 인생을 꾸려 나가기 위해 필요한 인격을 육성하는 곳이며 훌륭한 자기계발의 장이기도 합니다.

그러나 어쨌든 그렇다는 건 일단 제쳐두고, 이 '세 치 혀끝'이라는 말이 저는 자꾸 신경 쓰였습니다.

화법교실에서 '이야기의 재료를 모으려면 문제의식을 작용시켜라'라는 공부를 했습니다. 흔히 우리는 '세 치 혀끝'이라는 말을 사용합니다. 저는 '그렇다면 이 세 치 혀끝에는 어떤 의미가 숨겨져 있을까?' 하는 문제의식을 발동시켜 사전을 찾아보았습니다. 그 결과 입에 발린 소리만 하여 실속이 없음을 의미한다는 것을 알 수 있었습니다.

직장에서 조롱당한 일로 인해 덕분에 저는 문제의식을 작용시켜 이야기의 재료를 포착할 수 있었고, 박식한 사람도 될 수 있었습니다. 역시 화법교실은 세 치 혀끝의 공부를 하는 곳이 아니라 자기계발을 하는 장소였습니다.

(서비스업·27세·남성)

　여러분도 이런 습관을 들여서 일상생활을 하면서 그냥 보고 지나쳐버린 것, 아무 생각 없이 바라보았던 것에 문제의식을 작용시켜 이야기의 소재를 모았으면 한다.

　사과가 나무에서 떨어지는 것은 당연하다. 그런데 누구 하나 별로 신경 쓰지 않았던 이 현상을 보고 '왜 사과는 밑으로 떨어지는 걸까?'라는 문제의식을 갖고 그 이유를 해명코자 했던 뉴턴은 마침내 '만유인력'을 발견하게 된다. 아인슈타인의 '상대성 이론'도 그렇고, 에디슨의 여러 가지 발명품들도 그 출발점은 모두 문제의식을 작용시킨 결과이다.

　문제의식을 갖는다면 지금까지 막연하게 바라보며 간과했던 것도 이야기의 재료로써 살릴 수 있게 된다.

이야깃거리에 대해 자기 나름의 의견을 갖는다

늘 '왜'를 생각하자

신문이나 텔레비전 등에서 본 것, 거리에서 목격한 것, 혹은 경험한 것들은 매우 훌륭한 재료가 될 수 있지만, 그것이 자신에게 이야깃거리로 남을지 말지는 스스로 거기에 대해 의견을 갖느냐 갖지 않느냐에 달려 있다.

많은 사람들이 신문이나 텔레비전에서 사건 사고를 봐도, 혹은 거리에서 부딪치는 많은 일들을 봐도 별일 아닌 듯 지나치거나 그저 호기심을 충족시키는 선에서 끝내버린다. 그런 사람은 아무리 좋은 이야깃거리가 될 만한 것을 보았더라도, 혹은 멋진 체험을 했더라도 재료로써 포착하지 못한다.

길을 걷다가 교통사고가 난 것을 목격했다고 가정해 보자. 덤프트럭이 오토바이를 들이받아서 오토바이를 운전하던 사람이 구급차에 실려 갔다. 이런 사고를 목격하게 되면 거의 대부분의 사람들이 "아이고, 큰일났군", "불쌍하다"라고 말하는 정도가 전부다.

이런 경우에도 주의 깊게 사고현장을 관찰하고, '왜 이 같은 불행한 사고가 일어난 걸까?' 하고 생각해 보려고 노력하는 것이 중요하다.

주변에서 들리는 이야기에 따르면, 덤프트럭 운전기사가 빚을 많이 지고 있었다고 한다. 그래서 잠자는 시간도 아까워하면서 무리를 한 것이 졸음운전을 하게 된 원인이 되었고, 돌이킬 수 없는 사고를 불러일으켰다는 것이다.

주위에서 들리는 이야기들을 모아 사고 원인을 파악하게 되면 '운전을 할 때에는 잠을 충분히 자고 안전운전을 해야 한다'는 결론이 나올 것이다. 바로 자신이 목격한 교통사고의 한 장면이 자신의 이야깃거리로 남고 의견까지 만들어 낸 것이다.

흥미 위주로 봐서는 의미가 없다

대부분의 사람들이 이런 경험을 하는데도 자신의 의견 따위 없이 흥미 위주로만 본다. 때문에 이야깃거리로 남지 않는 것이다.

사회적인 큰 사건이 벌어지면 각 방송국마다 마이크를 들고 나가 "이번 사건을 어떻게 보십니까?"라며 인터뷰 경쟁을 한다. 그러면 마이크를 받은 사람들은 기다렸다는 듯이 훌륭한 의견을 펼친다. 그러나 이것은 의견을 제대로 말한 사람만 뽑아서 편집했기 때문이다.

실제로 마이크를 들이대면 대부분의 사람들은 "좀 바빠서 안 되겠는데요", "글쎄요⋯⋯ 잘 모르겠어요"라며 도망치듯 사라진다. 사실은 바쁜 것이 아니라 의견을 갖고 있지 않기 때문에 말할 수 없는 것이다.

일이나 일상생활 모두 타성에 젖어 지나쳐버리는 부분이 상당히 많다. 여러 각도로 바꿔가며 보고, 문제의식을 제기하고, 무엇보다도 자신의 의견을 갖는 것이 중요하다.

말하고 싶은 것이 무엇인가

하고 싶은 이야기가 무엇인지 정리하자

사람들 앞에서 말하기가 결정이 되면 모아 두었던 재료를 이용하여 이야기를 정리하는 작업에 들어가야 한다. 아무리 애써 모은 재료도 정리하는 방법이 잘못되면 쓸모없는 휴지조각이 되고 만다.

그런데 그토록 중요한 정리방법을 잘 모르는 사람이 의외로 많다.

말할 것들이 제대로 정리되지 않은 채 사람들 앞에서 이야기를 하게 되면 그 말하기는 단순히 떠들고 있는 것에 불과하며, 도대체 말하는 사람이 무슨 이야기를 하고 싶어 하는가를 분명하게 알 수 없기 때문에 듣는 사람은 지루하기만 하다.

이런 상황이 벌어지는 이유는 말하는 사람 스스로가 무엇을 말하려고 하는 것인지 명확하게 정리되어 있지 않기 때문이다. 본인조차 무엇을 말하고 싶은지를 모른다면 듣는 사람들도 알 턱이 없지 않겠는가. 정리도 되지 않은 이야기를 하고 있으면 이야기의 내용에 자신감을 가질 수도 없고 따라오는 긴장을 막을 수도 없다.

이야기를 잘 하는 사람은 조리 있게 말하며, 다른 사람의 말을 들을 때에도 그 내용을 마치 통째로 빨아들이듯 머릿속에 넣기 때문에 자연스럽게 고개를 끄덕이면서 듣는다. 잘 정리된 이야기를 하기 위해서는 우선 말하는 사람 스스로의 머릿속을 잘 정리할 필요가 있다.

이야기를 구성하는 세 가지 방법

이야기의 구조를 짜는 방법으로 대표적인 것이 세 가지가 있다. '3단계 화법', '4단계 화법', '5단계 화법'이 그것이다. 차례대로 설명해 보도록 하자.

① 3단계 화법

'서론 → 본론 → 결론'

서론＋본론＋결론이라는 구조를 가진 3단계 화법은 화법의
수단이나 문장의 구성으로서도 가장 오래 전부터 사용되고 있는
정통적인 구조이다.

- **서론(서두)**　이야기를 도입하는 역할을 하고, 청중을 주목시킨다.
- **본론(전개)**　이야기를 구체적으로 전개한다.
- **결론(맺음)**　이야기를 정리한다.

② 4단계 화법

'기 → 승 → 전 → 결'

4단계 화법은 기승전결로 이루어져 있다. 이것은 한시(漢詩)
를 지을 때 사용하는 구성방법으로 알려져 있다. 4단계 화법의
예로 흔히 사용되는 것이 다음의 한시이다.

- **기**　처음에 화제를 제공한다.
  　　…… '오사카 혼쵸에 사는 실가겟집 딸'
- **승**　테마의 폭을 넓힌다.
  　　…… '언니는 열여섯, 동생은 열넷'
- **전**　완전히 뒤바꿔 전혀 다른 이야기를 하는 듯한다.
  　　…… '각국 장수들은 활과 화살로 죽이고'

- **결** 마지막에 안정(결론)을 찾는다.

　　…… '실가겟집 딸은 눈길(雪路)로 죽이네'

첫 번째 구에서 이야기를 끄집어내고, 두 번째 구에서는 이야기를 계속 이어 나가며, 세 번째 구에서 예상치 못한 국면으로 전개시킨다. 그리고 네 번째 구에서는 전체를 통괄하는 결론을 맺는다.

이 결론을 말하고 싶기 때문에 첫 번째 구에서부터 세 번째 구까지 이야기를 이어온 것이다.

4컷 만화도 이 기승전결의 구성방법으로 전개된다.

③ 5단계 화법

'주목 → 흥미 → 욕망 → 비교 → 행동'

주로 설명회 등에서 많이 사용되고 있는 설득화법이다. 이것은 사람이 물건을 살 때와 같은 마음의 동요를 나타낸 것이다. 물건을 파는 사람은 사려는 사람의 구매심리를 교묘하게 이용하여 설득하면 효과를 얻을 수 있다.

- **주목** 이야기를 도입하는 역할을 하고, 듣는 사람의 주목을 끈다.
- **흥미** 흥미를 갖게끔 이야기를 진행한다.
- **욕망** 욕망을 품을 수 있도록 이야기를 전개한다.

- **비교** 다른 것과 비교하여 장점을 강조한다.
- **행동** 실제로 행동을 일으키도록 촉구한다.

정리하기 쉽고 이해하기 쉬운 3단계 화법

각각의 화법에는 장단점이 있으므로 논문에 쓸지 설명회에 쓸지 정하여 그 상황에 따라 구분하여 쓰는 것이 중요하다.

이 중에서 일반적인 스피치에 가장 적합한 구조는 '3단계 화법'일 것이다. '3단계 화법'은 말하는 사람이 자신의 생각을 정리하는 데도 수월하며 설득력도 갖춘 화법이다. 또한 청중의 입장에서도 듣고 이해하기 쉬우며 정리하기도 쉽다.

그건 그렇고, 대화와 말하기의 결정적인 차이는 무엇일까?

우선 대화는 쌍방향 통행이고 말하기는 일방통행이라는 사실이다. 대화의 경우는 이야기의 흐름이 비약되었거나, 또는 말하는 사람이 무엇을 말하는지 그 의미를 이해할 수 없을 때 질문을 던질 수 있다.

그러나 말하기의 경우는 듣는 사람이 도중에 끼어들 수 없다. 설령 이야기의 흐름이나 의미를 이해하지 못하더라도 가만히 듣고 있다가 나중에 물어봐야 하는 밀어붙이기식 성격을 갖고 있다. 그런 이유만으로도 말하는 사람은 듣는 사람이 이해하기 쉽도록 이야기의 흐름과 언어 선택에 주의를 하지 않으면 안 된다.

3단계 화법이 듣는 사람에게는 이해가 잘 되게 해주며 흥미도 불러일으켜주는 구조다.

3단계 화법으로 이야기에 설득력을 싣자

3단계 화법의 세 가지 종류

3단계 화법에는 몇 가지 타입이 있는데, 그 대표적인 것이 '전결형(前結型)', '후결형(後結型)', '전후결형(前後結型)'이다. 각각 어떠한 것인지 알아보도록 하자.

① 전결형

이야기의 첫머리에서 결론을 명시하고 들어가는 형태로, 듣는 사람의 입장에서는 매우 이해가 잘 되고 설득력도 있다. 예를 들면 결혼피로연에서 하는 축사 같은 것이다.

"신부 야스코 양은 아주 활달한 성격으로, 얼굴에서는 늘 웃음이 떠나질 않습니다."

이와 같이 결론을 먼저 내리고 난 다음 화제를 전개하는 방법이다. 이런 방법은 듣는 사람이 무척 빨리 이해할 수 있는 형태다. 또한 이 전결형의 '서두'는 청중의 관심을 집중시키며 말하는 사람의 입장에서도 말하기 쉬운 방법이다.

그러나 전개되어야 할 다음 이야기가 제대로 이어지지 않으면 중간에 이야기가 끊겨버린다. 애써 좋은 이야기를 해도 소용이 없어지므로 주의하지 않으면 안 된다.

② 후결형

이것은 불완전 예고법이라고도 하는데, 의식적으로 결론을 숨기고 이야기하다가 마지막에 결론을 내리는 방법이다. 역시 결혼피로연의 축사 등에 이와 같은 화법을 취하는 경우가 많다.

"신부인 야스코 양에게 아이가 있다는 사실을 여러분은 알고 계십니까?"

이렇게 듣는 사람들이 화들짝 놀랄 만한 이야기를 꺼내고 난 후에 다음 이야기를 하는 것이다.

"유치원 선생님으로 일하는 야스코 양은 아이들로부터 '엄마'

라고 불릴 정도로 인기가 있지요"라는 방향으로 이야기를 끌어 나간다. 이것은 매우 효과적인 말하기 방법이지만 노하우가 쌓여 있지 않으면 하지 않은 것만 못하기 때문에 조심해서 사용해야 한다.

"아이가 있다는 사실을 알고 계십니까?"라고 말해 손님들을 깜짝 놀라게 만들어 놓고 자신이 긴장하여 그 뒤 말문이 막혀버리면 그야말로 분위기는 썰렁해지고 말기 때문이다.

이런 방법을 불완전 예고법이라 하는데, 마지막에 갈등의 해소가 있기 때문에 재미있는 것이다. 그러므로 말하는 사람은 반드시 마지막까지 잘 연결시켜야 할 책임이 있다.

③ 전후결형

처음에 결론을 내리고 본론의 전개에 들어간 다음, 마지막에 다시 한 번 결론을 짓는 방법이다. 이 형태는 듣고서 이해하기가 쉽고 설득력이 있으며, 동시에 말하는 사람의 생각도 정리하기가 쉽다. 이 방법은 이야기의 마지막이 명확하게 정리되어 있어 간결하며, 듣는 이들의 인상에 남을 수 있는 화법이다.

가령 조회에서 하는 이야기를 생각해 보자.

"오늘 아침에는 '적극적으로 활기 있게 인사합시다'라는 말을 하려고 합니다. …… (화제의 전개) …… 오늘은 '적극적으로 활기 있게 인사합시다'라는 말을 하였습니다.”

　이런 식으로 이야기의 시작과 끝에서 결론을 내리는 방법이다. 이 방법은 말하는 사람 자신의 생각이 정리되어 있기 때문에 탈선하는 일도 없고, 매듭을 짓는 일도 산뜻하게 끝낼 수 있다. 또한 듣는 사람의 입장에서도 이야기의 내용을 이해하기가 쉬워 박수 칠 타이밍을 쉽게 잡을 수 있다.

가장 설득력이 있는 전후결형

　사람들의 말하기를 들어보면, 서두도 본론도 결말도 아무 생각 없이 그저 내키는 대로 이야기를 하는 경우가 많다. 그러니까 이야기가 이리저리 왔다 갔다 하고 줄거리 속에 핵심이 전혀 보이지 않는 것이다.

　이것은 스피치를 하고 있는 게 아니라 단순히 지껄이고 있는 것에 불과하다. 이런 식으로 한다면 듣는 사람들의 머리만 혼란시켜 '빨리 끝났으면……' 하는 생각이 들게 만들 뿐이다.

　따라서 여러분이 꼭 터득했으면 하는 이야기 구조방법은 3단계 화법인 전후결형이다. 이 방법이 가장 간단하고 설득력 있는 구조라는 사실을 잊지 말았으면 한다. 이 방법으로 이야기를 하면 많은 청중들이 당신의 이야기에 빨려들 것이다.

| 3단계 화법의 세 가지 타입 |

3단계 화법은
어떻게 구성할까

3단계 화법의 구성

정리하는 방법에 들어가기 앞서 이야기의 구성에 대해 알아보
도록 하자. 이야기는 '주제'와 '화제' 두 가지로 구성된다.

주제와 화제를 정의하면 다음 페이지에 나타낸 그림과 같다.

주제와 화제가 분명하게 명시되어 있으면 이야기는 이해하기
가 쉽고 논리정연해진다.

당신이 매일 읽는 신문을 예로 들어보자. 신문에 보도되어 있
는 하나의 사건은 '표제'와 '기사'로 구성되어 있다. 이야기도 이

주제	화제
가장 하고 싶은 말인 동시에 이야기의 결론이며, 의견, 주의, 주장, 희망 등을 명확하게 표현한 것	주제를 이해시키기 위해 뒷받침하는 재료로서 사실, 실제 예 등을 구체적으로 이야기한 것(이야기의 모체)

처럼 주제와 화제로 구성되어 있는 것이다. 신문의 '표제'가 이야기에서는 '주제'가 되는 것이고, '기사'는 '화제'에 해당이 된다.

주제와 화제의 관계

요리를 할 때, '카레라이스를 만들어야지'라고 결정한 다음 돼지고기와 감자, 양배추, 당근 같은 재료를 준비하는 경우가 있다.

반대로 냉장고 문을 열었더니 이들 재료가 있어서 '그렇다면 카레라이스를 만들어야지' 하고 결정하는 경우도 있다.

이야기도 마찬가지로 이야기하려는 테마가 미리 결정되어 있는 경우가 있다. 가령 '직장의 인간관계'에 대해서 이야기해 보라는 지시를 받았다고 가정하자. 그렇다면 '적극적으로 인사하자'라는 이야기를 해야겠다고 결정하고 주제를 정한 후 재료를 찾는 경우가 있다.

반대로, 너무 일에 쫓기다 보니 그만 선배한테 인사를 제대로 하지 않아 다른 선배한테 호되게 야단맞은 일이 있다고 가정하자. 그렇다면 '적극적으로 인사하자'라는 이야기를 하고 싶어질 것이다.

어느 쪽이 먼저이든 상관없지만, 대체로 다음의 실제 예와 같이 이미 재료를 갖고 있기 때문에 말하고 싶어지는 경우가 더 많다.

보고할 의무를 게을리하지 말자

사례

여러분, 안녕하십니까! 저는 영업4과의 야마시타 다모츠라고 합니다. 오늘 조회에서는 '보고할 의무를 게을리하지 말자'라는 말씀을 드리고자 합니다.

지난달 중순경의 일입니다. 저의 고객이신 아사히 물산의 오니시 과장으로부터 전화를 받았습니다.

"작업용 사다리 400대를 다음달 3일 오전까지 우라와에 있는 창고에 넣어주십시오."

"예, 작업용 사다리 400대 말씀이시죠. 잘 알겠습니다. 감사합니다."

이 불황 속에서 오랜만에 대량주문이 들어온 것입니다. 기쁨에 가득 차 제조업체에 발주하였습니다. 그런데 3일 아침이 되어 제조업체에서 연락이 왔습니다.

"오늘 오전까지 시간에 맞출 수 있게 물건은 다 되었는데요, 실은 싣고 갈 차가 모자라서 아무래도 어려울 것 같습니다. 죄송합니다만, 하루 늦어질 것 같은데 이해해 주십시오."

라고 말하는 것입니다. 고객 쪽에서도 그 이후로 한 번도 재촉하는 전화가 없었고 특별히 서두르는 것 같지도 않아서 저는 하루 늦춰지는 사실을 보고하지 않았습니다. 그런데 3일 오후 5시쯤에 고객으로부터 노발대발 화를 내는 전화가 걸려 왔습니다.

"3일 오전 중으로 물건을 틀림없이 납입한다고 약속했는데 왜 들어와 있지 않습니까? 당신네 회사는 그런 식으로 적당히 일합니까? 우라와 창고에서는 오늘 오전 중에 들어올 걸로 예상하고, 그것을 홋카이도로 운반하기 위해 운송회사의 트럭까지 전세 내서 대기하고 있는데, 계속 기다려도 들어오지 않는다며 지금 본사로 연락이 왔어요. 대체 어떻게 된 겁니까? 당신하고는 이야기가 안 통하니까 부장 바꿔요, 부장!"

분위기가 굉장히 험악했기 때문에 부장님이 대신해서 사과를 드렸습니다. 그리고 우리 회사에서 운송업자를 물색하여 홋카이도까지 보내주기로 타결이 되었죠. 회사로서는 막대한 손해를 입은 데다가 신용까지 떨어지는 결과를 낳고 말았습니다.

이런 실수를 저지른 저로서는 입이 있어도 말할 자격이 없지만, 어떤 사소한 일이라도 계획대로 진행되지 않을 시에는 반드시 위에 보고하고 고객에게 알려줘야 한다는 것을 뼈저리게 느꼈습니다. 특히 내키지 않는 보고일수록 하고 싶지 않은 법이지만, 그냥 놔두면 더 큰 문제로 발전한다는 걸 알게 되었습니다.

오늘 조회에서는 '보고하는 의무를 게을리하지 말자'라는 말씀을 드렸습니다.

저는 영업4과의 야마시타 다모츠였습니다. 감사합니다.

(회사원·24세·남성)

이렇게 어떤 일을 겪었기 때문에 거기에서 자신이 말하고 싶은 이야기, 즉 주제가 나오는 것이다. 자신이 하고 싶은 말이 있다는 것은 그 전에 어떤 사실이나 경험이 있었기 때문에 끄집어내는 경우가 많다. 따라서 이야기를 할 때에 가장 중요한 것은 이야기의 화제가 될 재료인 사실과 실제 예를 찾는 것이다.

주제는 하나로 좁혀서 명확하게 표현하자

짧은 문장으로 명확하게

　주제는 짧은 말로 응축시켜 명확하게 표현하는 것이 필요하다. 이것을 염두에 두지 않으면 자기가 도대체 무슨 이야기를 하고 싶어 하는지 정확히 파악할 수가 없다.

　이야기가 제대로 정리되지 않는다는 것은 자신의 생각을 명확하게 파악하지 못하고 있다는 것을 증명하는 셈이다.

　많은 사람들이 '그 이야기를 해야지' 하면서 막연히 머릿속에서만 그릴 뿐 자신이 하고 싶은 말은 명확히 밝히지 못하기 때문에 마음만 앞서는 이야기가 되는 것이다. 그러니까 이야기가 갈 피를 잡지 못해 왔다 갔다 하며 마치 실이 끊어진 연처럼 공중에서 허우적대는 것이다.

실패한 일로 재료로써 머릿속에 남아 있다. 그 일이 강렬한 인상으로 남아 있기 때문에 그 이야기를 하려는 마음을 먹는다. 그런데 그 재료 중에서 하고 싶은 말이 몇 가지가 더 있더라도 그것을 연달아 이야기해 버리면 정작 무엇을 말하려고 하는지 종잡을 수 없게 된다. 말하고 싶은 것은 하나로 좁히고 다른 것은 버릴 줄 아는 용기를 갖자. 이렇게 하면 자신이 하고 싶은 말이 분명하게 보일 것이다.

하나의 화제에서도 자신이 하고 싶은 말을 명확하게 끄집어내야 한다. '보고하는 의무를 게을리하지 말자'라는 말을 '보고에 관해서'라든가 '보고의 중요성' 등과 같이 막연한 화법으로 쓰지 말자. '보고하는 의무를 게을리하지 말자'라는 말로 마지막까지 명확하게 단언함으로써 하고 싶은 말을 분명하게 밝힐 수 있기 때문이다.

주제는 20자 이내로 정리한다. 이 이상 길어지면 명확성을 잃어버리고, 듣는 사람의 머릿속을 혼란시킬 뿐이다.

이렇게 자신이 하고 싶은 말이나 주제를 짧은 말로 담백하게 표현할 수 있으면 쉽게 화제를 전개시킬 수 있다.

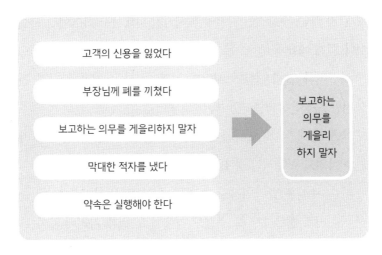

중요한 것은, 말하기나 회의, 혹은 대화를 할 때에 항상 자신이 하고 싶은 말을 짧고 간단명료하게 표현하는 습관을 들여 두면 쓸데없이 에너지를 소비하는 일이 줄어들고 설득력 있는 이야기를 할 수 있다는 것이다.

이미지가 떠오르도록 구체적으로

주제는 자기가 가장 하고 싶은 말이다. 그것을 듣는 사람이 이해할 수 있도록 이야기하는 것이 바로 화제다. 짧은 말로 정리한 주제는 추상적인 표현이 되는데 '보고하는 의무를 게을리하지 말자'라는 추상적인 말을 이해시키기 위해서는 화제에서 사실이나 실제 예를 구체적으로 들지 않으면 안 된다.

사실이나 실제 예를 구체적으로 전개한다는 것은 간단한 것 같지만 사실은 어려운 일이다.

예를 들어, "어제 오사카에 야구시합을 보러 갔다왔습니다"라는 이야기도 구체적인 것 같지만 사실은 추상도가 매우 높다.

같은 사실을 말하더라도 "어젯밤 6시부터 벌어진 교진 대 한신 타이거즈 전을 1루 쪽 스탠드 앞에서 두 번째 자리에 앉아 관전하고 돌아왔습니다"라고 표현하면 어떨까? 듣고만 있어도 말하는 사람의 어젯밤 모습이 손에 잡힐 듯 떠오르지 않는가?

"봄이 되면 꽃이 참 예쁘게 피지요"라고 말하는 것보다도, "내가 매일 아침 이용하고 있는 게이오선의 쯔츠지카오카 역 앞에는 큰 화단이 있는데 말이죠, 매년 이맘때가 되면 이 화단에 빨간색, 하얀색, 보라색의 철쭉꽃이 자리가 비좁기라도 한 듯 흐드러지게 피어서 무척 아름다워요"라고 말하는 것이 듣는 사람한테 흥미를 갖게 하고 이해하는 데도 도움이 된다.

이야기라는 것은 듣는 사람의 머릿속에서 그 장소의 모습이 이미지로 떠오르게 하는 것이 중요하다. 그러기 위해서는 자신의 체험을 상세하고 구체적인 언어로 이야기해야 한다.

대부분의 사람들이 사물을 막연하게 보기 때문에 이야기를 할 때도 막연하게밖에 못하는 것이다. 재료 수집에서도 밝힌 바와 같이 관찰력을 날카롭게 작용시켜야 이야기를 할 때도 구체적으로 할 수 있게 되는 것이다. 그렇다고 하나부터 열까지 일일이 구체적으로 말한다면 이야기가 장황하게 늘어지고, 시간 안에 매듭을 지을 수 없게 된다. 따라서 자신이 하고 싶은 주제와 관계있는 부분만 구체적으로 표현해서 이해시키려는 연구를 해야 한다.

또한 추상적인 말이나 숫자에는 비유를 사용하여 이해를 도우면 좋다. 가령 "한여름 도쿄에서 사용하는 수도량은 하루에 598만 2천 톤이나 된다고 합니다. 이것은 도쿄 돔의 11배에 해당되는 것이죠"라며 비유를 사용하면 이해하기가 쉬워진다.

또는 "무척 화를 냈다"라고 말하기보다도 "뜨거운 물에 데친 문어처럼 얼굴이 시뻘게져 화를 냈다"라고 하는 쪽이 더 이해하기가 쉽다.

이런 점까지 신경을 써야 비로소 주제와 화제의 균형이 잡히고 설득력 있는 이야기가 되는 것이며, 듣는 사람도 마음을 편안하게 하고서 들을 수 있다.

어떻게 구체적으로
전개하는가

이야기의 흐름은 어떻게 될까?

　3단계 화법의 전후결형 구조는 가장 간단하면서도 설득력이
있다고 앞서 말하였다. 그런데 실제로는 이야기의 전개가 어떻게
되는지 한번 배워보도록 하자.

　이야기를 전개하는 순서를 살펴보면, 우선 처음에 이야기의 주
제를 알리고 그 주제를 이해시키기 위해 사실이나 실제 예를 구체
적으로 든다. 그런 다음 사실에서 이끌어낸 자신의 의견을 분명
하게 말하고, 다시 한 번 주제를 반복하면서 결말을 맺는다.

① 서두에 주제를 알린다

이야기를 시작하자마자 주제를 알린다. 앞에서 실제의 예로 들었던 조회의 경우를 들어 살펴보자.

"여러분, 안녕하십니까! 저는 영업4과의 야마시타 다모츠라고 합니다. 오늘 조회에서는 '보고할 의무를 게을리하지 말자'라는 말씀을 드리고자 합니다."처럼 자신이 누구임을 밝히고 나서 곧바로 주제를 말하는 것이다.

주제란 우리가 하는 이야기 속에서 가장 하고 싶은 말을 짧은 말로 정리한 결론이다. 그렇기 때문에 처음에 주제를 밝히면 듣는 사람들은 당신의 이야기를 받아들이겠다는 준비를 하게 된다. 때문에 전체 이야기를 이해하기 쉬워지는 것이다.

여러분이 매일 아침 읽는 신문도 같은 이치이다. 신문에는 매일매일 다양한 기사들이 실린다. 그 하나하나의 기사마다 맨 위에 꼭 표제가 나와 있지 않은가? 당신이 기사를 읽게 된 동기는 표제를 보고서 흥미를 가졌기 때문이다. 표제를 통해 받아들일 태세를 갖추고 있기 때문에 기사가 더 이해하기 쉬워지는 것이며 납득되는 것이다.

그런데 만약 당신이 신문을 펼쳤는데 표제가 하나도 없다고 생각해 보라. 표제가 없는 신문은 마치 단팥 없는 찐빵처럼 구미가 당길 리가 없다. 가령 읽는다고 해도 끝까지 읽지 않으면 거기에 무슨 말이 적혀 있는지 도통 이해할 수도 없다.

이야기도 마찬가지다. 서두에 자신이 가장 하고 싶은 말, 즉 주제를 밝힘으로써 듣는 사람들이 흥미진진하게 듣는 결과를 낳는 것이다.

3분가량 말을 할 때에는 이야기를 시작하고 처음 10초 동안을 가장 중요하게 생각해야 한다. '서두의 10초는 그 다음 10분보다 더 중요하다', '처음의 열 마디는 그 다음의 10만 마디보다 더 중요하다'라고 말할 정도로 표제가 중요한 것이다.

우리는 사람들이 가장 어렵다고들 말하는 3분 정도의 말하기를 해야 할 기회가 많다. 그런데 서두의 중요성을 알지 못해 변명부터 늘어놓는 사람이 태반이다.

"방금 전에 회의장에 도착했는데, 담당자께서 저에게 뭐든 좋으니 짧은 연설을 좀 해달라고 부탁하더군요. 너무도 갑작스러운 일인지라 꽤 당황했습니다. 도대체 무슨 이야기를 하면 좋을지 생각해 봤는데, 이렇게 제대로 된 준비도 하지 못했으니 여러분이 좋아할 만한 이야기가 되는지 어떤지는 잘 모르겠습니다……."

유럽 사람이나 미국 사람들은 유머 한마디를 던지며 이야기를 시작하지만 우리는 변명부터 시작한다고 말할 정도로 너무도 중요한 서두를 쓸모없는 내용을 말하는 데에 사용해버린다. 서두에서는 자신의 이름을 밝히고 나서 곧바로 주제를 알려야 한다는 것을 잊지 말자.

② 화제는 사실과 실제의 예를 구체적으로 전개하고 의견을 말한다

주제를 밝히고 나면 곧바로 사실이나 실제의 예를 구체적으로 전개한다.

"지난달 중순경의 일입니다. 저의 고객이신 아사히 물산의 오니시 과장으로부터 전화를 받았습니다."라며 곧바로 구체적인 화제를 전개시켜 나가는 것이다. 구체적인 전개방법은 이미 말한 바와 같이 그 현장의 상황을 가능한 한 있는 그대로 재현시키는 것이다.

대부분의 사람들은 자신이 이미 체험했던 것에 대해서는 아주 자세히 알고 있다. 때문에 별로 설명하지 않아도 듣는 사람들이 다 알고 있을 거라는 착각을 한다. 그렇지만 듣는 사람들은 처음 듣는 이야기인지라 순서를 밟아가면서 구체적으로 말해 주지 않으면 주제를 이해하기가 어렵다.

"작업용 사다리 400대를 다음달 3일 오전까지 우라와에 있는 창고에 넣어주십시오."

"예, 작업용 사다리 400대 말씀이시죠."

이런 식으로 보고, 듣고, 말하고 한 것들을 그때의 상황처럼

충실히 재현하는 것이다. 그러면 듣는 사람들은 그 현장 상황을 이미지로 떠올릴 수 있게 된다.

사실이나 실제의 예를 전개하면서는 반드시 거기서 이끌어낸 의견을 말해야 한다. 이야기를 하는 진짜 목적은 당신의 의견을 밝히기 위함이기 때문이다. 자신의 의견을 이해시키기 위해 사실이나 실제의 예로 뒷받침을 하는 것이 목적이기에 의견이 없는 이야기는 자신의 이야기가 아닌 것이다.

의견이 없는 이야기는 단순히 그 현장에 대한 보고나 설명에 지나지 않는다고 말할 수 있다. 당신의 이야기로 만들기 위해서는 자신의 분명한 의견을 확립해야 한다는 것을 절대 잊어서는 안 된다.

"…… 이런 실수를 저지른 저로서는 입이 있어도 말할 자격이 없지만, 어떤 사소한 일이라도 계획대로 진행되지 않을 시에는 반드시 위에 보고하고 고객에게 알려줘야 한다는 것을 뼈저리게 느꼈습니다."

자신의 분명한 의견이 들어감으로써 당신의 인간성이 반영된 이야기를 할 수 있게 된다. 이렇게 의견이 하나로 응축되어 주제가 되는 것이므로 '의견=주제'여야 한다.

③ 마지막에 주제를 반복하고 결말을 맺는다

사실이나 실제 예를 구체적으로 전개하고 의견을 밝혔으면, 마지막에 다시 한 번 주제를 반복하고 이야기를 끝내도록 하자.

"오늘 조회에서는 '보고하는 의무를 게을리하지 말자'라는 말씀을 드렸습니다. 저는 영업4과의 야마시타 다모츠였습니다. 감사합니다."

이렇게 마지막에 다시 한 번 주제를 반복하고 결말을 맺는 것이다.

전후결형의 구조는 마지막에 다시 한 번 결론을 강조하기 때문에 듣는 이의 인상에 남는다. 또한 이야기를 대충대충 들었던 청중들도 마지막에 다시 한 번 주제를 듣게 되므로, '아, 저 사람은 이런 말을 했구나' 하고 무슨 말을 했는지 재확인할 수가 있다. 또한 말하는 사람 본인의 입장에서도 이야기를 간단명료하게 끝맺을 수 있다는 이점이 있다.

이야기의 종결방식이 산뜻하면 사람들에게 오래도록 '좋은 인상'으로 남는다.

영화나 음악도 마지막 결말이 매우 중요한 의미를 갖는다. 말하기도 마찬가지다. 이야기를 어정쩡하게 끝내버려 낭패를 보는 사람이 의외로 많다. 애써 좋은 이야기를 해놓고 결론에 이르러서는 뜬구름 잡는 이야기를 주절대다가 야무지지 못하게 끝내

1. 이야기 서두에 '보고하는 의무를 게을리하지 말자'라는 주제를 말한다.

2. 화제는 사실이나 실제 예를 구체적으로 전개하고 의견을 말한다.

3. 마지막에 다시 한 번 '보고하는 의무를 게을리하지 말자'라고 같은 말을 사용해서 주제를 반복하고 결론을 맺는다.

버린다. 결국 듣는 사람들에게 주제를 전달하기는커녕 좋지 못한 인상만 남긴다.

명심해야 하는 한 가지는 마지막에 반복해서 말하는 주제는 처음에 말한 것과 같은 내용으로 해야 한다는 것이다.

처음에는 '보고하는 의무를 게을리하지 말자'고 주제를 말해 놓고 마지막에 가서는 '보고의 방법에 대해서 생각해보자'라든가 '보고하는 책임을 지자'라고 하는 경우가 있다. 이렇게 하면 듣는 사람들의 머릿속을 혼란시킬 뿐이고 전후결형의 의미가 사라지게 된다. 서두와 끝맺음은 반드시 똑같은 말로 주제를 반복하는 것이 중요하다.

이런 연습을 거듭하면 말하기 능력이 놀라우리만큼 발전한다. 자신이 하고 싶은 말을 재빨리 포착하고, 그것과 관련된 사실이나 예를 구체적으로 설명할 수 있게 되는 것이다. 또한 보고에 있어서도 결론을 밝히고 나서 구체적인 설명에 들어갈 수 있게 된다.

서두의 주제와 똑같은 주제로 결말을 맺어야 한다는 이 기본을 확실하게 익혀주길 바란다.

이야기를 모으고 정리하는 순서

이야기를 어떻게 정리할까?

　말하기가 결정된 다음부터 이야기를 어떻게 정리해 나가면 될까? 그 순서에 대해 알아보자.

　우선은 '조회에서 무엇을 말한 것인지', '업무를 보다가 인상 깊었던 일은 없었는지' 등의 화제를 찾는 것이다.

　'아아, 그렇지. 얼마 전에 고객한테 주문을 받아놓고 납기가 하루 늦춰지는 것을 연락하지 않아 큰 낭패를 봤었지. 그 이야기를 해야겠구나.'하고 이야깃거리를 결정한다.

이야깃거리가 결정되면 그 사건을 마음속으로 다시 한 번 떠올려 보고, 그 화제를 통해 자신이 말하고 싶은 것이 무엇인지 주제를 이끌어낸다. 그것을 짧은 말로 표현하여 '보고하는 의무를 게을리하지 말자'라는 주제를 정하는 것이다.

카드식으로 정리한다

주제가 정해지면 낱말카드로 쓸 종이를 여러 장 준비한다. 영어단어를 외울 때 쓰는 낱장 카드여도 좋다. 우선 한 장의 카드에 '주제 : 보고하는 의무를 게을리하지 말자'라고 써넣는다.

주제 : 보고하는 의무를 게을리하지 말자

다음에는 이야깃거리로 떠오르는 것을 카드에 한 장씩 써넣는다. 이야기 순서는 전혀 상관없다. 그저 생각나는 대로 차례차례 써넣자. 여기서 중요한 것은 한 줄 정도의 짧은 말로 써야 한다는 것이다.

| 제조업체에서 전화 | 작업용 사다리 400대 |
| 고객이 화를 냄 | 이번 달 매상 |

3일 오전 중	회사에 큰 손해
오랜만에 큰 물량 주문	물건이 완성되다
운송업자를 준비시키다	약속은 실행하자
부장을 바꿔라	반드시 보고하자

이렇게 말하는 순서와는 상관없이 생각난 것들을 하나하나 카드에 기입하고 그밖에 생각나는 것들은 없는지 이삼일 정도 진지하게 생각해 본다. 그렇게 하면 반드시 잊고 있었던 것들이 떠오른다. 그것들도 추가해서 카드에 기입하면 된다.

부장이 사과하다	주문이 기뻤다

대충 이 정도가 되었다면 카드를 책상 위에 펼쳐 놓고 이야기 할 순서대로 정리해보자. 맨 위에는 주제가 되는 카드를 놓고 화 제는 말하기 쉬운 순서로 배치하면 된다.

보고하는 의무를 게을리하지 말자

1. 아사히 물산 오니시 과장	2. 작업용 사다리 400대
3. 3일 오전 중	4. 우라와 창고
5. 오랜만의 큰 물량 주문	6. 이번 달 매상
7. 주문이 기뻤다	8. 제조업체에서 전화

9. 물건이 완성되다	10. 싣고 가는 차가 모자름
11. 고객이 화를 냄	12. 홋카이도까지 전송
13. 부장을 바꿔라	14. 부장이 사과하다
15. 운송업자를 준비시키다	16. 회사에 큰 손해
17. 약속은 실행하자	18. 반드시 보고하자

이렇게 말하는 순서대로 바꿔서 나열해 본 다음, 주제와 화제의 균형을 확인해보고 주제와 관계가 없는 카드는 빼버린다.

6. 이번 달 매상	17. 약속은 실행하자

이때, 두 장의 카드는 중요한 것이지만, 이 이야기에서는 주제와 관계가 없이 때문에 뺀다.

그 상황을 이미지로 떠올리면서 사실대로 재현되어 있는지 여부를 검토하고, 아직 써넣지 않은 것이 있으면 끼워 넣는다.

그런 다음 카드를 보면서 머릿속에서 짠 순서대로 이야기를 해보자. 이 시점에서는 순서를 바꿔보기도 하고, 표현방법이나 말하기 꺼려지는 말을 바꾸는 작업을 한다.

포인트를
열거한다

포인트를 열거해 대략적인 줄거리를 만든다

짧은 말로 써넣은 카드를 몇 번씩 반복해서 봐보자. 그리고 이야기의 흐름이 머릿속에 잘 들어오면 B5 크기의 종이에 포인트를 열거하여 대략적인 줄거리를 옮겨 쓰는 것이다. 이때는 이미 이야기의 흐름이 머릿속에 들어와 있으므로 카드 3~4장을 한 장으로 통일하고, 단어는 포인트가 되는 말만 써넣도록 하자.

아무리 많은 연습을 했다 하더라도, 말해야 하는 당일에는 많은 사람들의 주목을 받게 되어 자의식과잉 상태가 되어 버리거나 긴장한 나머지 머릿속이 하얀 백지상태가 되어버리는 경우도 있다. 그럴 때는 포인트를 열거한 카드를 살짝 보면서 다음 이야기를 이어나가는 실마리를 붙잡으면 된다.

앞에서부터 소개하고 있는 '보고하는 의무를 게을리하지 말자'는 그림과 같이 정리가 된다.

| 포인트 열거방법 |

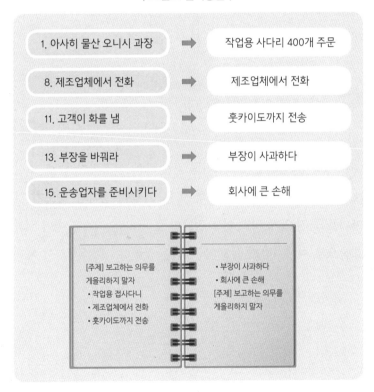

시간의 구성을 고려한다

이 포인트 단어를 열거하는 것은 이야기 속도에도 영향을 미친다. 적당한 시간은 대체로 1분에 300자 전후인데 3분 동안 이야기를 해야 한다면 400자 원고용지로 2장에서 2장 반 정도가 되는 분량이다.

3분가량 말을 해야 할 때의 시간 분배는 다음과 같은 짜임으로 이야기를 전개하는 것이 이상적이다.

- 서두(안녕하세요, 주제)　　　10초
- 본론(화제의 전개·의견)　　　2분 30초
- 맺음(주제, 이름, 감사합니다) 10초

대여섯 장으로 정리된 포인트 열거 카드를 가까이 두고, 초시계로 시간을 재면서 연습을 해 보자. 자신이 말하는 속도가 얼마나 되는지 알게 되면 어느 정도의 분량으로, 그리고 어떤 식의 흐름으로 이야기하면 될지 알 수 있을 것이다.

4장

긴장을 없애기 위한
효과적인 연습방법

충분히 연습하여
긴장감을 없앤다

몇 번이고 리허설을 반복한다

　포인트를 열거하여 줄거리가 잡히면 그 현장의 상황을 그려보면서 이야기의 흐름을 재차 확인하라. 그리고 주제와 화제의 전개를 머릿속에 잘 주입하여 연습해 보자.

　그런데 이야기 재료를 수집하고 구성하는 작업까지 끝나고 나면 이미 만반의 준비를 다 갖춘 양 착각하는 사람이 많다. 하지만 긴장을 없애고, 사람들 앞에서 당당하게 이야기를 하기 위해서는 충분한 연습만이 마지막 결정타를 날릴 수 있는 비결이다. 그냥 손 놓고 있어서는 안 된다.

일류 만담가가 무대에서 새로운 작품을 펼쳐 보이기까지 늘 외는 구호가 있다. '연습은 실전처럼, 실전은 연습처럼!'이 그것이다. 진짜 무대에 오르기 전까지 그 구호를 되새기며 충분히 연습한다. 연극배우도 그렇고 가수도 마찬가지다. 무대에 올라갈 때까지는 리허설을 수십 번씩 반복하면서 구슬땀을 흘린다. 어느 세계에서거든 프로라고 불리는 사람들은 소질도 있고 경험도 풍부하지만 그것이 전부가 아니다. 피눈물 나는 끊임없는 연습이 그들을 프로라는 자리에 올려준 것이다.

사람들 앞에 나서는 일이 적은 아마추어가 진짜 무대에서 성공하려면 프로보다 몇 배는 더 연습하지 않으면 안 된다. 연습을 하고 또 함으로써 긴장을 없앨 수 있고 말하기에 자신감을 가질 수 있다. 결국 이야기의 흐름도 자연스럽게 이끌어갈 수 있게 되는 것이다.

천천히, 분명히, 큰 소리로 말한다

사람들 앞에서 말을 할 때 가장 조심해야 하는 것은 한 마디 한 마디를 천천히, 그리고 명확하게 내뱉어야 한다는 것이다. 긴장하면 아무래도 말의 속도가 빨라지는데 천천히, 그리고 명확하게 발음하도록 노력하면 긴장을 자제할 수가 있다. 긴장을 막는 데는 이렇게 하는 게 아주 효과적이다.

일반적으로 말을 더듬는 경향이 있는 사람 중에는 말이 빠른 사람이 많다. 이야기에 자신이 없기 때문에 할 말들을 잊어버리기 전에 단숨에 말하려는 것이다. 그러나 첫마디부터가 제대로 나오지 않는다. 자꾸 서두를수록 더욱 더듬게 되고, 말은 점점 빨라진다. 이것이 악순환하여 긴장하게 만든다. '말이 빠르다, 더듬는다, 긴장한다' 이 세 박자가 서로 나쁜 영향을 끼치면서 좋지 않은 쪽으로 몰아가는 것이다.

이 악순환에서 탈출하려면 천천히, 또박또박, 큰 소리로 알아듣기 쉽게 말해야 한다.

그러기 위해서는 올바른 발성법을 익혀 명확하게 말하는 습관을 들일 필요가 있다. 이것은 평소에 발성연습을 통해 하는 것이 중요하다.

올바른 발성법을 제대로 익힌다

평소에 발성연습을 한다

제아무리 대단한 이야기를 하더라도 듣는 사람들이 이야기의 내용을 잘 전달받지 못하거나 이야기가 명료하지 않아서 이해가 되지 않는다면 말하는 효과를 얻을 수 없다.

정·재계의 인사나 문화계 인사, 혹은 일반 직장인 중에서도 설득력 있는 화법을 쓰는 사람은 발성부터가 다르다. 이 사람들의 공통점은 큰소리로 시원시원하고 또렷하게 말한다는 것이다.

그러면 듣는 사람이 잘 이해할 수 있도록 또렷하게 말하기 위해서는 어떻게 하면 좋을까?

우선 올바른 목소리를 내는 방법을 터득하는 것이 중요하다. 이것은 긴장감을 억누르고 말을 잘하는 방법을 익히는 데 기초가 된다.

선천적으로 큰 목소리를 타고난 사람도 있지만 작은 목소리를 가진 사람도 있다. 우렁찬 목소리, 나지막한 목소리, 말이 빠른 사람, 느긋하게 하는 사람 등 각양각색이다. 그러나 이것은 평소의 마음가짐이나 연습 여하에 따라 꽤 많은 부분까지 고칠 수 있다.

특히 일상생활 속에서 올바르게 이야기하고, 아름답게 이야기하고, 정갈하게 이야기하고, 힘 있게 이야기해야 한다는 것을 항상 명심하자.

올바른 호흡법과 발성법

올바른 발성을 하기 위해서는 자세가 좋아야 하며, 복식호흡을 하면 자연스러운 느낌으로 발성을 하는 데에 도움이 된다. 나약하고, 짧고, 불안한 호흡으로 좋은 발성을 기대하기란 불가능하다. 이야기를 하거나 노래를 부를 때 흔히 "배로 소리 내라"라고 말하는 이유이기도 하다.

횡격막을 충분히 위아래로 올렸다 내렸다 하면서 숨을 들이쉬면 배가 불룩해지고 숨을 내쉬면 배가 꺼지는데, 이 내뱉는 숨에 실어서 목소리를 내도록 한다.

발성은 입을 크게 벌린 후 보통의 높이와 세기로 '아—' 하고 소리 내면서 고통스러워질 때까지 20번 정도 계속한다. 이것을 하루에 한 번씩 2~3주간 쉬지 않고 계속한다. 이렇게 하는 것만으로도 꽤 좋은 소리를 낼 수 있다.

이것이 올바른 호흡법이고 발성법이다. 바로 이것이 배로 소리를 낸다는 것인데, 몇 번씩 반복하면 상당히 피로를 느낄 것이다. 발성과 발음은 모두 근육운동이기 때문이다.

따라서 좋은 발성, 좋은 발음을 익히기 위해서는 다른 근육을 사용하는 스포츠와 마찬가지로 꾸준한 훈련이 필요하다. 이 훈련을 실천하면 반드시 발성과 발음은 놀라우리만큼 향상된다.

정확한
발음법을 익힌다

'아에이오우'는 발음의 기본

요즘 젊은이들은 대부분 말을 빨리 한다. 게다가 명료하지 않은 화법을 사용한다. 이는 말 자체를 축약하거나 연음화하여 생긴 결과이다. 인간은 말을 하면서 살아가기에 좀 더 발성에 대한 올바른 이해가 필요하다.

복식호흡을 하면서 '아에이오우'를 한 음절씩 또박또박 자르고, 천천히 올바르게 발음해 보자. 이것이 가능해지면 점점 속도를 빨리하면 된다. 이때 발음이 흐트러지지 않고 정확하게 발음

되도록 주의를 기울인다.

빨리 말하기에 도전하자

기본적인 발성연습이 어느 정도 되었다면 이번에는 빠르게 말하기에 도전한다. 말을 빨리 하면 발음이 엉성해지고 또박또박 말하기가 힘들어지는데, 말이 명확하지 못하면 상대에게 자신의 의도를 전달하기 힘들어지는데, 따라서 그것을 극복하기 위한 연습이 필요한 것이다.

빨리 내뱉어야 하는 말도 처음에는 천천히, 그리고 명확하게 한다. 한 음절 한 음절의 발음이 정확해지면 이번에는 속도를 빨리 해서 자연스럽게 미끄러지듯이 말해 본다. 빨리 말할 수 있게 되더라도 정확함과 연결의 느낌을 잃지 않도록 조심해야 한다.

이렇게 발성연습을 반복하여 듣는 사람에게 좋은 인상을 줄 수 있도록 노력하자. 이렇게 올바르고 이해하기 쉬우며 아름다운 발성과 발음을 익히는 것은 곧 말하기에 자신감을 불어넣는 것이고 다른 사람 앞에 나갔을 때에 긴장을 억누르는 데에 큰 도움이 된다.

이것은 이야기 재료의 수집과 마찬가지로 평소부터 미리미리 준비해 두어야 하는 과정 가운데 하나이다.

음성표현이 이야기를
생동감 있게 만든다

음성표현은 말하기에서 빼놓을 수 없는 요소

올바른 발성법을 이해했다면 다음은 음성표현이다.

"그 사람 이야기를 듣고 있으면 왠지 지루해"라는 말을 듣는 사람이 있는가 하면, "그 사람은 항상 재미있게 이야기하기 때문에 듣고 있으면 어느새 빠져들게 된다니까" 하며 환영받는 사람도 있다.

같은 주제를 가지고 이야기를 하거나, 꾸준한 노력으로 올바른 발성법을 익혔거나 해도 이렇게 다른 평가를 받는 원인은 어디에서 찾아야 하는 것일까?

그것은 음성표현이 다르기 때문이다.

아무리 이야기 내용이 좋고, 아무리 훌륭한 이야기를 하더라도 음성표현이 서툴고 듣는 이의 생각이나 감정에 와 닿는 것이 없으면 듣는 사람은 따분해지기 마련이다. 하지만 이야기 내용 자체는 그리 의미 있지는 않지만 음성표현이 세련되면 이야기에 생동감이 흘러 듣는 사람의 관심을 끌어 모으게 된다.

음성표현이라는 것은 '억양', '간격(터울)', '악센트', '리듬' 등을 말하는데, 말하기에서 이런 기술들은 빠질 수 없는 중요한 요소이다.

| 네 가지 음성표현 |

억양	목소리의 고저, 강약, 완급의 변화. 의문이나 단정 · 긍정 등의 문장이나 희노애락 등의 감정이나 정서를 표현하기 위해 이용한다.
간격 **(터울)**	말하는 사람과 듣는 사람 사이에 교환되는 호흡, 침묵의 시간. 이해를 바라거나 여운을 주거나 인상을 강하게 남기는 등, 이야기의 전개에 기대하게 만드는 효과를 얻을 수 있다.
악센트	이야기 속의 어떤 말을 강조. 이야기 속에서 특히 자신이 전하고 싶은 말을 드러낼 수 있다. 이야기의 뉘앙스도 이것에 따라 변화한다.
리듬	이야기의 템포. 듣는 사람의 기분을 즐겁게 만들어주고, 말하는 사람이 이야기를 하며 집중력을 높일 수 있다.

이야기에 억양을 넣는다

말하는 사람의 심정을 표현하는 억양

억양이란 목소리의 고저, 강약, 완급의 변화를 말한다. 이 억양은 말하는 사람의 의문이나 단정·긍정, 희노애락 같은 감정과 정서를 표현하기 위해 생겨난 것이다.

말하기에는 억양을 넣어야 이야기 전체가 숨을 쉰다. 대화체 부분은 등장인물이 되어 직접 표현해 보라. 이렇게 하면 굳이 설명을 덧붙이지 않더라도 말하는 사람의 의지나 의도 같은 주관적인 기분을 표현할 수 있다.

"오사카로 전근 가니?" — "오사카로 전근 가는 겁니까?"라는 단순한 의문형.

"오사카로 전근 가." — "나는 반드시 오사카에 간다"라는 뜻의 단정형. 말끝이 내려가는 곳에서 힘 있게.

"오사카로 전근 가?" — "아니, 오사카로 전근 가는 거야!?"라는 가벼운 놀람을 나타낸 의문형. '전근'에 액센트가 붙고 뒤에는 말끝이 내려감.

"오사카로 전근 가는 거지?" — "정말 오사카로 가는 거야?"라며 다그치는 질문형. 단조로우나 어미에 힘이 들어감.

"오사카로 전근 가~" — "오사카에 가고 싶어"라는 원망형(願望型). '가~'를 길게 늘이면서 말끝을 내림.

"오사카로 전근 간다." — "마침내 오사카로 갈 수 있게 됐어"라는 기쁨형. '오사카'에 악센트가 붙음.

이렇게 비슷한 말이라도 억양에 따라 전혀 의미가 달라진다. 이렇듯 구어(口語)는 억양 하나 만으로도 문어(文語)가 표현할 수 없는 감정의 다양성을 표현할 수 있다. 이것은 말하기에만 한정된 것이 아니라 일상 대화에서도 마찬가지다. 억양의 기능을 능숙하게 활용함으로써 대화를 생동감 있게 이끌어갈 수 있는 것이다.

친구에게 이야기하듯이 말하기

우리는 일상생활 속에서 억양을 다양하게 이용하고 있다. 그러나 일단 사람들 앞에만 서면 얼굴표정과 음성을 빌려 억양을 표현하는 것이 뜻대로 되지 않는다. 많은 사람들 앞에서 이야기한다는 사실 때문에 의식이 강하게 작용하기 때문이다.

비록 이야기를 듣고 있는 사람이 많아도 찻집에서 친구에게 이야기한다고 생각하고 말해보자. 그러면 억양이 들어가 이야기가 생동감 있어진다. 그러나 사실 이것도 마음대로 되는 것은 아니기 때문에 몇 번이나 연습을 해서 익혀야 한다.

이야기에
간격을 둔다

간격을 두는 기술

우수한 그림에는 '여백'이라는 공간이 있어 그림에 생명력을 준다. 마찬가지로 이야기에도 '간격'이라는 공간이 이야기의 생사를 가른다. '화법은 간격을 두는 기술'이라고 일컬어지는 만큼 '간격'은 정말 중요하다.

가둬두었던 댐의 물을 방류하여 거침없이 흘려보내는 것처럼, 이야기를 할 때에도 쉼 없이 말을 내뱉으면 듣는 사람이 그것을 쫓아갈 수가 없고, 결국은 무슨 말을 하는지 요점을 붙잡을 수 없게 된다.

반대로 간격을 너무 두어서 천천히 이야기하면 듣는 사람은 금방 지루해져 머릿속으로 딴 생각을 하기 시작하는 결과를 가져온다.

간격이란 말하는 사람과 듣는 사람 사이에 오가는 호흡이고, 그것을 살리는 침묵의 시간인 것이다. 일상생활을 하면서 말할 때는 간격을 별로 의식하지 않더라도 상대의 반응을 느끼고 이해함으로써 자연스럽게 살릴 수 있지만, 다른 사람들 앞에 서서 말하기를 하게 되면 이 간격을 살리는 일이 쉬운 것은 아니다.

그러나 많은 연습을 통해 의식적으로 간격을 조절하면서 말할 수 있는 능력을 갖추게 되면 듣기에 매우 편안한 이야기가 되고, 듣는 사람은 당신의 이야기에 열심히 귀를 기울이게 된다. 이 것이 바로 화법의 자신감으로 이어지는 것이기도 하다.

이야기에 생동감을 주는 여러 가지 간격

간격에는 이야기 도중에 숨을 쉬거나, 감동한 나머지 말문이 막히거나, 혹은 적절한 말을 찾지 못해 어휘 선택을 하는 듯한 자연스러운 것이 있는가 하면, 이야기의 효과를 높이기 위해 의식적으로 이용하는 것도 있다.

이 의식적으로 이용하는 간격에는 수많은 종류가 있는데, 그 중에서도 자주 이용되는 것을 몇 가지 들어보겠다. 문장 안에 있는 말줄임표(……)가 간격이다.

① 양해를 바라는 간격

듣는 사람들이 이야기의 내용을 잘 파악하기를 바라는 마음에 말하는 사람이 양해를 바라는 간격이다.

이것은 이야기의 의미라든가 말하는 사람의 의도나 감정을 상대방에게 쉽게 전달하는 데 효과적이다. 또한 이야기를 전달할 때 상대가 얼마나 이해했는지를 확인할 수 있는 시간이기도 하다.

"이렇게 불경기여도 우리 회사는 걱정이 없다는 것…… 이 정도면 아시겠죠?"

"이건 중요한 사항이니까 잘 들어주세요…… 아셨죠?"

② 여운을 주고, 인상 깊게 만드는 간격

자신이 느낀 감동을 상대에게도 맛보게 하고 싶을 때 이용하는 간격이다.

"어이구, 그는 사람이 정말 변했더라구요. 그렇게 적극적인 사람이 되리라고는 꿈에도 생각지 못했어요. 아, 정말 훌륭한 사람이 됐어요……."

이와 같이 감개무량한 마음을 전달하고 싶을 때는 스르르 여운에 빠지게끔 조금 긴 듯하게 간격을 두면 좋다.

또한 감동의 정도에 따라 간격의 길이를 바꾸면 상대도 그 간격에 동화되어 똑같이 여운에 빠지게 된다.

③ 기대하게 만드는 간격

'이 다음에는 이야기가 어떻게 전개될까?'라는 기대감과 호기심을 증폭시키기 위한 간격이다.

"지금 미국에서는 우리나라에 관한 일이 큰 화제를 불러 모으고 있습니다. 그건 여러분도 깜짝 놀랄 만한 것이지요…… 그게 무엇인가 하면~"

"요전 날 우리 집에 강도가 들어서 난 강도와 하룻밤을 꼬박 지새는 처지가 되었어요. 그러나 강도가 처한 신세 이야기를 듣고 무척 부끄러운 생각이 들었습니다. …… 그것은~"

④ 동의를 구하는 간격

자신의 의견에 동의를 얻어내기 위한 간격이다. 청중이 마음속으로 '그 말이 맞아요!'라고 수긍할 수 있을 정도의 간격으로 시간은 짧아야 좋다. 그러나 상대의 얼굴을 잘 보면서 반응을 확인하는 것을 잊어서는 안 된다.

"젊은이들의 범죄가 세계적으로 증가하고 있는데, 우리나라도 참 뒤숭숭하게 돌아가고 있습니다…… 실은 얼마 전에도~"

"아침저녁의 출퇴근 러시아워에 질려버렸어요…… 특히 겨울이 되면 옷을 많이 껴입어서 거동하기 불편하고~"

⑤ 생각하게 만드는 간격

자신의 이야기에 흥미를 갖게 하기 위해 이야기 도중에 질문을 던지는 경우가 있다. 이런 경우에도 반드시 상대가 생각할 수 있을 정도의 간격을 두는 것이 중요하다.

"만약 여러분이 먹지도 않고 마시지도 않는다면 몇 날을 살 수 있을 거라 생각하십니까? ……"

"말하기에서 간격이란 참 중요한 것인데, 간격의 종류에는 몇 가지가 있다고 생각하십니까?……"

이 외에도 간격의 종류는 더 있다. 말하기는 이렇게 간격을 둠으로써 이야기에 생동감을 불어넣는다.

말하면서 간격을 둔다는 것이 곧 침묵을 의미하는 것은 아니다. 청중의 얼굴을 잘 보면서 반응을 살필 필요가 있는 것이다. 말하기는 일방통행이라고 생각할 수 있지만 원래는 청중과 무언의 거래가 필요한 작업이다.

두드러지게 강조함으로써
자신의 의지를 전달한다

강조하고 싶은 말을 두드러지게 표현한다

어떤 말을 강조하기 위해 힘주어 발음하는 것을 '프로미넌스(prominence)'라고 한다. 즉, 이야기 속의 단어 일부분을 강조하여 말하는 사람의 마음을 듣는 사람에게 전달하려는 것이 목적이다.

예를 들어,

"나는 이 다음에 선수로 꼭 나가겠습니다."

라는 말에서도 어느 부분에 힘을 주느냐, 즉 어느 부분을 강조

하느냐에 따라서 말하는 사람이 듣는 사람에게 전달하고 싶은 말의 요지가 달라진다.

"나는 이 다음에 선수로 꼭 나가겠습니다."

- 내가 나갈 거예요. 선수로 나갈 사람은 다른 사람이 아닌 나니까, 잘 기억해 두세요.

"나는 이 다음에 선수로 꼭 나가겠습니다."

- 이번이 아니라 이 다음에 나가니까 기억해 두세요.

"나는 이 다음에 선수로 꼭 나가겠습니다."

- 추천을 받아 나가는 게 아니라, 모두가 납득할 수 있게 정식으

로 뽑혀서 나가고 싶어요.

"나는 이 다음에 선수로 꼭 나가겠습니다."

- 적당히 할 생각이 아니에요. 반드시 나갈 것을 약속합니다.

"나는 이 다음에 선수로 꼭 나가겠습니다."

- 뒤에서 응원하는 것은 이번이 마지막이고, 다음엔 내가 반드시
나가겠습니다.

이렇게 짧은 말이라도 말하는 사람이 어느 부분을 강조하느
냐에 따라 듣는 사람에게 전달하려는 의미가 달라진다.

듣는 사람들이 꼭 알아주었으면 하는 곳에 힘을 주면서 말하
면 이야기에 주목하게 만들 수가 있다. 이것이 두드러지게 하는
기술이다.

강조의 기술을 터득하자

다른 사람들이 하는 이야기를 들을 때, 그 사람은 어느 부분
에 힘주어 말하는가를 잘 듣고, '이 사람이 말하고 싶은 게 뭘
까?' 하며 되새기려는 노력도 말을 잘하기 위해 중요한 요소이
다. 말하는 사람이 강조하기 위해 힘주어 발음하는 곳을 의식해
서 듣다보면 자신도 느끼지 못하는 사이에 어느덧 강조하는 기
술을 터득하게 될 것이다.

이야기에 리듬을 주면 재미있어진다

이야기의 흐름은 강물의 흐름과 같다

이야기의 흐름은 강물의 흐름과 아주 유사하다. 강물은 한가롭고 넉넉하게 흐르기도 하고, 급류나 폭포수가 되어 무섭게 흐르기도 하며, 나지막한 물소리를 내면서 개천을 따라 졸졸졸 흐르기도 한다. 똑같은 강물에도 흐름의 변화가 있고, 장소에 따라서도 그 표정이 달라진다.

이야기의 경우도 마찬가지다. 이야기의 흐름 속에서 내용에 맞춰 강약, 완급, 고저의 변화를 붙여 나간다. 이런 변화가 있음으로써 이야기 전체에 리듬감이 생기는 것이다. 이야기의 흐름에 편안한 리듬이 있으면 이야기가 매우 재미있어지고 듣는 사람은 편안하게 들을 수 있어 집중력을 높여준다.

리듬이 없는 이야기는 지루하다

리듬이고 뭐건 간에 아무것도 고려하지 않고 그저 초지일관 단조로운 이야기는 어떨까? 듣고 있으면 금방 지루해지고 금세 잠이 미려올 것이다.

"노래는 드라마의 대사와 같고, 대사는 노래와도 같다"라는 말처럼 이야기도 리드미컬하게 진행한다면 청중에게 상쾌함을 주고, 집중력을 높이는 원동력이 될 것이다.

사람들이 열심히 들어주면 당신의 이야기도 열기를 띠게 된다. 열기가 뜨거워지면 뜨거워질수록 가장 좋은 리듬이 생겨나기 마련이다. 이야기에 리듬이 있다는 것은 사람들 앞에서 이야기하고 있다는 의식이 희박해지고, 이야기 속에 자신이 몰입되어 있다는 증거이다.

당신이 리듬이 있는 이야기를 할 때 듣는 사람들이 하는 평가는 높아질 것이며, 평가가 높아지면 동시에 자신감도 생겨나 자연스럽게 긴장을 제어할 수 있는 능력으로 이어질 것이다.

원고를 통째로 암기해서는 안 된다

통째로 암기하면 통째로 잊어버릴 수 있다

많은 사람들이 범하는 실수는 자신이 이야기할 내용의 아주 사소한 말 하나까지도 문장으로 만들어놓고 놓치지 않으려 한다는 것이다.

가령 회사의 정례회 등에서 의견 발표를 하게 되었을 때

"여러분, 안녕하십니까! 저는 영업4과의 야마시타 다모츠라고 합니다. 오늘 조회에서는 '보고할 의무를 게을리하지 말자'라는 말씀을 드리고자 합니다."

라고 시작하여 원고 끝까지 전부 문장으로 써 놓고 그것을 달달 외우려 드는 사람이 있다. 하지만 이런 행동은 당장 그만둬야 한다.

전부 문장으로 작성된 원고를 피해야 하는 이유가 있다.

우선은 원고가 완성되기까지 엄청난 노력을 기울여야 하기 때문이다. 썼다 지웠다를 반복하느라 종이가 새까맣게 되는 경우도 있는데 이런 지경에까지 이르게 되면 뭐가 뭔지 모르게 내용은 뒤죽박죽이 되어버리고 결국 새 종이에 옮겨 쓰는 일도 발생한다.

그렇게 힘들여 내용을 겨우 다 썼다 하더라도 사람들 앞에서 능숙하게 말하기를 하려면 이번에는 원고를 통째로 암기해야 하는 일이 남았다.

원고를 통째로 암기하는 것도 대단한 노력이 요구되는데, 어떻게든 여차여차하여 내용을 다 암기했다 하더라도 막상 실전에 임하여 많은 사람들 앞에 서면 얼어버리고 만다.

그렇게 되면 머릿속에는 원고 내용이 전혀 떠오르지 않아 쩔쩔매는 일이 생겨버린다. 통째로 암기한 것은 통째로 잊어버릴 수도 있는 것이다.

사람들 앞에 서서 쩔쩔매는 사태까지는 벌어지지 않더라도, 이야기라고 하는 것은 살아 있는 생물과도 같아서 이야기하는 동안에 생각지도 못한 말이 튀어나오기도 한다.

"……보고하지 않았습니다. 그런데 3일 오후 5시쯤에 고객이 마구 화를 내면서 전화로 손해배상 청구를 해왔습니다."라고 원고에는 분명히 마침표가 찍혀져 문장이 일단 끝이 났다. 하지만 실전에서는

"…… 그래서 손해배상 청구를 해왔기 때문에……"라는 식으로 계속 말을 이어가게 되는 경우도 생긴다. 원고 전체를 통째로 달달 암기해 놨는데 이런 경우를 맞이하면 더 이상 이야기는 앞으로 나아가지 못하게 된다.

또한 원고 전체를 통째로 암기한 이야기는 대체로 낭독하는 어조가 되기 십상이고, 억양도 들어 있지 않아 간격을 살리지도 못한다.

게다가 머릿속에 들어 있는 원고의 글자 배열을 시각적으로 쫓다 보니 시선이 자꾸 천장 쪽을 향하게 된다. 이렇게 되면 듣는 이의 관심을 끌어 모을 만한 설득력 있는 이야기를 한다는 것은 강 건너 가는 것이다.

이야기할 내용을 항상 문장으로만 쓰게 되면, 돌발적인 일이 벌어졌을 때 전체를 다시 작문하기가 어렵다. 그러므로 암기는 더욱 미덥지 못한 것이다.

문장 전체 암기가 아닌 포인트 열거로

그러나 포인트를 열거하여 대략적인 줄거리를 잡아놓고 그것만 기억해 두면, 가령 어떤 모임에서 갑작스럽게 말하기를 부탁받더라도 미리 명함 뒷면에 서너 개의 포인트를 살짝 써두고 그것을 보면서 말하기를 바로 시작할 수 있게 된다.

이에 반해 문장 전체를 암기하는 방법은 포인트 열거방법에 비하면 너무나도 결점이 많다. 구체적인 것은 오른쪽 페이지에 그림으로 나타냈는데, 이것들의 결점을 보면 알 수 있듯이 기본적으로 전체 문장을 암기하는 방법은 지양해야 한다.

그러나 자신은 문장으로 된 원고를 만들어놓지 않으면 도저히 안심이 안 된다고 말하는 사람이 있다. 이런 사람은 익숙해질 때까지만 문장으로 된 원고를 써두기 바란다.

그때 한 가지 부탁하고 싶은 것은, 그 원고작업을 컴퓨터로 했으면 하는 것이다. 삽입이나 삭제·수정을 간단하게 할 수 있고, 종이가 새까맣게 될 염려도 없기 때문이다.

그리고 문장으로 다 썼으면 그 중에서 중요한 부분만 골라 포인트를 열거하고 줄거리를 만들도록 하자. 사람들 앞에 나갈 때는 반드시 줄거리만 쓴 종이를 들고 나가는 것이다.

| 문장식 암기의 결점 |

1. 완성할 때까지 수고가 많이 든다.

2. 암기에 시간이 걸린다.

3. 통째로 암기하는 것은 통째로 잊어버리는 것으로 직결된다.

4. 낭독하는 어조가 된다.

5. 억양이 없어지게 된다.

6. 간격을 살리지 못한다.

7. 시선을 이용하지 못한다.

8. 원고대로 말하지 않으면 뒤가 이어지지 못한다.

이미지를 그리면서
소리 내어 연습한다

이미지 트레이닝을 반복하라

줄거리를 깨끗하게 옮겨 썼으면, 말해야 하는 날까지 몇 번씩 반복해서 이미지 트레이닝을 하라. 매일 출퇴근길 전철 안에서, 길을 걸으면서, 목욕을 하면서 등 자신이 많은 사람들 앞에 서 있는 장면을 상상하면서 몇 번씩 말하기 연습을 하는 것이다.

그런데 이 때에는 소리 내서 할 수가 없기 때문에 머릿속에서 이미지를 그리면서 연습해야 한다.

단, 짧은 연습이 반복되면 서두 부분은 상당히 효과가 있지만

후반부는 소홀해지는 경향이 있다. 그렇기에 내용 전체가 머릿속에 충분히 들어올 때까지 반복하면 좋다.

소리 내어 연습하라

얼추 이야기의 흐름이 머릿속에 들어오면 이번에는 소리 내어 연습한다. 집에 있거나 차를 탔을 때, 혹은 회사 옥상 등에서 큰 소리를 내어 연습해 보자. 왜냐하면 머릿속에서는 이야기가 술술 나오더라도 실제로 소리 내면서 연습해 보면 말이 나오지 않거나 이야기의 흐름이 전혀 떠오르지 않는 경우가 왕왕 일어나기 때문이다.

그럴 때에는 자신이 사람들 앞에 서 있다는 생각을 하면서 인사를 한 후, 바른 자세를 유지하면서 밝고 큰 목소리로 연습해야 한다.

소리 내어 연습한다는 것은 마지막 리허설이기 때문에 실제와 똑같이 발성법과 음성표현에 충분한 주의를 기울여야 한다.

어렵기만 한 시선처리에도 도전해 보자. 방 안에 전화기, 거울, 텔레비전, 꽃병, 연필꽂이 등이 있으면 그것을 청중의 얼굴이라 가정하고 연습을 하는 것이다.

충분한 연습으로 자신이 만족할 수 있는 수준에까지 도달하면 실전에 임해서도 차분한 말하기를 할 수 있을 것이다.

첫인상으로
청중의 호감을 산다

호감을 주어 청중을 이야기에 집중시킨다

듣는 사람이 말하는 사람에게 호감을 가지고 있다면 당연히 이야기에 대한 평가도 높아진다. 사람은 누구나 자기가 좋아하는 사람이 하는 이야기는 진지하게 들으려는 마음자세가 되어 있지만 반대로 싫어하는 사람의 이야기 따위에는 귀를 기울이고 싶은 마음이 전혀 생기지 않는 법이다. 따라서 첫인상으로 듣는 사람에게 호감을 주는 것도 무척 중요한 일이다.

듣는 사람이 호의적인 표정으로 듣는지, 냉담한 표정으로 들는지를 평가하는 것으로도 긴장감의 정도가 크게 달라진다. 그런 의미에서라도 듣는 사람들이 당신을 호의적으로 받아들일 수 있도록 해야 한다.

첫인상은 시각으로 결정된다

그렇다면, 듣는 사람에게 첫인상으로 호감을 주려면 어떻게 하면 좋을까?

당신 자신이 다른 사람의 말하기를 듣는 입장이 되어 생각해 보기를 바란다. 당신은 말하는 사람을 어떤 식으로 보고 있는가?

우리는 두 가지 측면에서 타인을 관찰한다.

하나는 청각에 의한 관찰로서 목소리가 큰지 작은지, 톤이 높은지 낮은지, 말이 빠른지 느린지, 발음은 어떤지, 악센트나 억양, 음성의 질, 이야기의 리듬 등으로 판단한다.

또 하나는 시각에 의한 관찰이다. 얼굴형, 복장, 몸가짐, 표정, 동작, 태도와 같은 외형적인 것인데 첫 대면의 경우에 우선 외모로 그 사람의 인물 됨됨이를 절반 이상 판단하고 들어가게 된다.

말하기를 하기 위해 당신이 자리에서 일어선 순간부터 듣는 사람들은 당신을 첫인상만으로 판단하고 있다. 따라서 시각에 의한 첫인상은 매우 중요하다고 할 수 있다.

아무리 좋은 내용의 이야기를 해도, 그 이야기가 아무리 설득력 있는 구조로 짜여 있어도, 당신의 첫인상이 듣는 사람들의 눈에 좋지 않게 비치면 그들은 당신에게 마이너스 점수를 매길 것이다.

반대로 이야기의 내용은 그리 좋지 않더라도 인사, 표정, 복장, 자세 등이 호감을 준다면 듣는 사람들은 이야기 자체의 내용보다 더 좋은 평가를 내릴 것이다.

자기가 하는 인사, 짓는 표정이나 자세 따위는 자신에게 보이지 않기 때문에 그만큼 주의가 소홀해지기 쉽다. 그러나 듣는 사람들은 당신이 자리에서 일어선 그 순간부터 당신을 보고 있으며, 이야기에 들어가기 전에 이미 당신이라는 인물이 어떤지에 대해 평가를 내리고 있다.

말하기를 시작하기도 전에 이미 듣는 사람들에게 선입관을 심어줄 수 있다는 사실을 부디 잊지 말았으면 한다.

쉽게 긴장하는 사람들은
인사를 엉거주춤하게 한다

인사는 그 사람의 인간성을 나타낸다

사람들 앞에서 이야기를 할 때도 듣는 이들에 대한 예를 갖추는 걸 잊어서는 안 된다.

"저의 이야기를 들어주셔서 감사합니다."

라며 감사한 기분을 표현하는 것이 중요하고, 그것을 전달하려는 노력을 기울여야 한다.

우리의 커뮤니케이션은 예의로 시작하여 예의로 끝난다. 특히 우리 민족은 예의를 중시하므로 예의가 바른 사람일수록 많은 사람들에게 사랑을 받는다.

우리나라 사람들은 예로부터 성실한 사람, 겸손한 사람, 예의가 바른 사람한테는 무조건적으로 호감을 갖고, 반대로 비뚤어진 사람, 무례한 사람, 제멋대로 행동하는 사람한테는 순간적으로 혐오감을 느끼고 적대시하는 마음을 품는다.

이것은 논리적으로 설명할 수 있는 것이 아니다. 국민성의 문제이며 감각적으로 예절을 중시하기 때문에 그렇다.

국내 경제가 나빠지고 대학 졸업생의 취업길이 꽁꽁 얼어붙었어도 예의를 아는 사람이라면 취업 문은 그리 좁지 않을 것이다. 기업들도 늘 예의바른 사람을 기대하기 때문이다.

다른 사람이 하는 인사는 눈에 잘 보이기 때문에 그 사람의 됨됨이를 쉽게 판단할 수 있지만, 자기 자신이 하는 인사는 자신의 눈에 보이지 않기 때문에 엉거주춤하게 인사하는 사람이 정말로 많다.

고개만 까딱 하고 인사를 끝내버리거나 등을 거의 평평한 산처럼 약간만 둥글리거나 시선은 앞을 보면서 고개만 쑥 내민다. 그렇게 하는 걸 본인들은 인사라고 생각한다.

이 기회에 여러분도 자신의 인사법을 한번 점검해 보고, 올바른 인사법을 익히도록 하자.

올바른 인사란 어떤 것일까

인사 하나만 놓고 보더라도 여러 가지 종류가 있다. '남 앞에서 이야기할 때 하는 격식을 차린 인사', '직장에서 영업상 고객과 나누는 인사', '가게에 손님이 들어왔을 때 하는 인사', '손님이 물건을 사고 돌아갈 때 하는 인사', '복도에서 상사와 만났을 때 하는 인사', '처음 만난 사람과 나누는 정중한 인사' 등이 있으며 '무릎을 꿇고 앉아서 나누는 인사'도 있다.

인사는 장소, 상대, 상황 등에 따라서 달라진다.

사람들 앞에서 이야기를 하기 전에는 45도 각도로 인사를 한다. 처음으로 얼굴을 마주하게 된 사람들에게 "지금부터 제 이야기를 들어주시니 감사드립니다"라는 마음을 담은 것이다.

인사를 할 때는 등을 곧게 하고 가슴을 쭉 편다. 그리고 양손은 가지런히 모아 곧게 펴고, 양 겨드랑이를 붙인다. 다리의 발뒤꿈치는 붙이고 발끝은 너무 바깥쪽으로 벌리지 말고 조금만 벌리고 서며 허리에서부터 등을 서서히 구부리도록 하면 된다.

얼굴은 똑바로 정면을 향하고 있다가 몸을 차차 숙이는 것과 동시에 시선은 아래로 향하게 하고 턱은 끌어당긴다. 머리의 뒤통수와 등은 나무판자를 짊어지고 있는 것처럼 일직선의 상태로 있다가, 허리서부터 몸을 차차 앞으로 수그린다. 이때 등을 구부정하게 하고 있지 않는다.

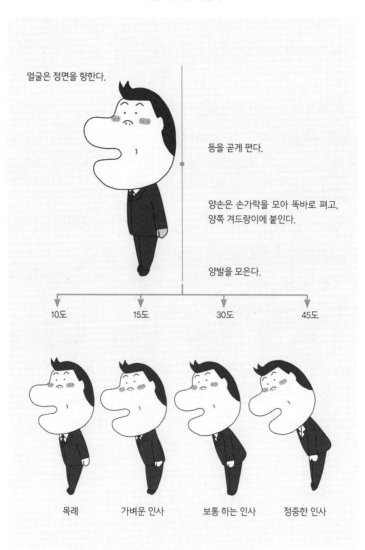

얼굴은 정면을 향한다.

등을 곧게 편다.

양손은 손가락을 모아 똑바로 펴고,
양쪽 겨드랑이에 붙인다.

양발을 모은다.

10도　　　15도　　　30도　　　45도

목례　　　가벼운 인사　　　보통 하는 인사　　　정중한 인사

45도 각도로 몸을 수그렸으면 그 상태에서 2~3초간 일단 몸을 정지시킨다. 이때의 시선은 턱을 끌어당기고서 발끝에서부터 1미터 정도 떨어진 앞을 보도록 한다. 그리고 천천히 몸을 일으킨다.

여성의 경우는 상체를 수그리면서 양손을 앞으로 미끄러지듯이 빼내어 몸 앞에서 양손을 가지런히 모으면 된다. 몸을 일으킨 후에도 그대로 양손을 앞으로 가볍게 모으고 이야기를 시작하도록 한다.

이것이 올바른 인사법인데, 많은 사람들이 이렇게 하지 않는다.

나쁜 인사의 전형적인 예는 시선은 상대방을 보면서 꾸뻑 하고 고개만 내미는 동작이다. 이것으로써 본인은 인사를 했다고 생각할지 모르지만 이것은 자신감 없는 태도가 인사에 그대로 나타난 것이다. 특히 긴장을 잘하는 사람일수록 인사를 엉거주춤하게 하고, 그런 엉성한 인사는 상대에게 그대로 보여질 뿐이다.

인사는 상대에 대한 경의와 호의와 감사의 마음을 담아 정중하게 하면 좋다.

밝은 표정이 첫인상을 좌우한다

표정과 시선을 능숙하게 이용하라

여러분은 사람을 대할 때 항상 밝은 미소를 지으며 웃음 띤 얼굴로 대하고 있는가?

늘 미소를 잃지 않는 사람은 남녀를 불문하고 너무나 아름답고 상대에게도 '느낌이 좋은 사람이구나' 하는 생각을 심어준다. 여러분도 평소부터 친근감이 느껴지는 웃음 띤 얼굴을 지을 수 있도록 노력하길 바란다. 그렇게 하면 사람들 앞에 섰을 때도 이 표정이 자연스럽게 배어나올 것이다.

"눈이 마주치면 긴장하는 바람에……"라는 이유로 상대를 쳐다보지 않는 사람이 있다. 또는 머릿속에 있는 원고의 글자들을 필사적으로 쫓느라 천장만 뚫어져라 응시한 채 이야기를 하는 사람도 있다.

"눈은 입만큼 많은 것을 말한다"라는 말이 있듯이 시선은 청중에게 호감을 주는 큰 역할을 담당한다. 이야기를 시작하면서 청중에게 따뜻하게 보내는 눈길은 듣는 사람들의 마음을 매료시키기에 충분하다.

3점법, 5점법으로 시선을 두는 방법

청중에게 이야기를 할 때 말하는 사람의 시선은 그 장소에 있는 사람 전체에게 골고루 미치도록 해야 한다. 익숙하지 않은 경우에는 3점법으로 도전해 보자.

우선 말하는 사람의 위치에서 보아 맨 앞줄의 왼쪽에 앉아 있는 사람, 다음에는 중앙에서 가장 뒤에 앉아 있는 사람, 그리고 맨 앞줄의 오른쪽에 앉아 있는 사람의 순서대로 시선을 두며 이야기를 시작하는 것이다.

이 3점법에 익숙해지면 이번에는 5점법에 도전한다. 맨 앞줄의 양쪽, 맨 뒷줄의 양쪽, 중앙에 앉아 있는 사람, 이 다섯 번의 순

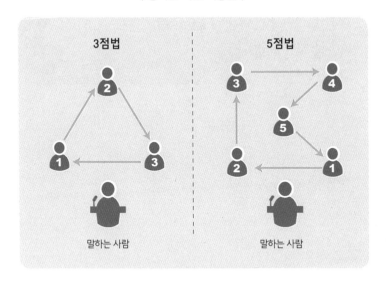

서대로 시선을 두면서 이야기를 진행시키도록 한다.

한 단락이 끝날 때까지는 한 사람을 보면서 이야기를 하고, 그 다음은 다른 사람을 보면서 이야기한다. 이 타이밍을 취하는 방식은 생각보다 어렵기 때문에 몇 번씩 의식적으로 도전하고 연습을 거듭해야 몸에 배게 된다.

이 방법을 이용하면 청중들은 말하는 사람이 자신에게 이야기를 하는 듯한 기분이 들어 당신의 이야기에 집중할 태세를 갖출 것이다.

자세가 나쁜 사람일수록
긴장하기 쉽다

말할 때의 올바른 자세

　말하기 위해 앞에 나서면 아무래도 많은 사람들의 주목을 받게 된다. 말하는 사람이 취하는 자세는 자신감을 나타내는 척도와 같은 것이다. 자신감이 없는 사람일수록 자세가 나쁘며 자세가 나쁜 사람일수록 긴장하기 쉽고 실패할 확률도 높은 경향이 있다.

　사람들 앞에서 이야기할 때에는 바른 자세를 유지할 것을 잊지 말았으면 한다.

바른 자세의 기본은 발을 고정시고, 몸이 움직이지 않도록 발의 위치를 굳히는 것이다. 그리고 인사가 끝나는 대로 곧 주먹 하나가 들어갈 정도로 발을 약간 벌리는 것이 올바른 발의 위치이다. 양쪽 무릎과 발끝에 중심이 실리도록 몸을 살짝 앞으로 내민 자세를 취하면 몸이 움직이지 않는다.

여성의 경우는 한쪽 발을 뒤로 조금 빼고, 그 뺀 발의 뒤꿈치에 중심을 두면 된다.

손의 위치는 양손을 몸 앞으로 가볍게 깍지 끼든지 아래로 자연스럽게 내리고 말한다. 그만 착각하여 손을 뒤에서 끼지 않도록 조심한다.

연단에 손을 올려놓을 때에도 연단에 몸의 중심을 싣지 않도록 주의해야 한다. 이것은 특히 남성들이 실수하는 자세인데 듣는 사람 쪽에서 보면 건방진 태도로 비쳐져 거부반응을 일으키게 되기 때문이다. 자세를 바로한 채 가볍게 손으로 연단을 잡는 정도가 좋다.

| 이야기할 때의 올바른 자세 |

• 남성의 경우

양쪽 무릎과 발 끝에 중심이 실리도록 몸을 약간 앞으로 내민 자세

손은 자연스럽게 내리고 있거나 앞에서 가볍게 깍지 낀다

발은 주먹이 하나 들어갈 정도로 약간 벌린다

• 여성의 경우

뒤로 뺀 발뒤꿈치에 중심을 두는 자세를 취한다

손은 앞에서 가볍게 깍지를 끼든가 자연스럽게 내린다

한쪽 발을 뒤로 뺀다

이야기는
결말이 중요하다

끝이 좋으면 전체가 좋다

말하기는 결말이 특히 중요하므로 건성건성 끝맺지 않도록
유의해야 한다.

사람들이 말하는 것을 듣고 있다 보면 마지막에 매듭을 짓는
방식이 매우 서툴다는 걸 느낀다.

'벌써 끝나는 건가?' 싶으면 이야기가 다시 원점으로 돌아와
있거나 똑같은 말을 몇 번씩이나 되풀이하는 사람도 있다.

어떤 사람은 이야기를 다 끝내고 '이제야 이야기를 끝냈다'고

안심한 탓인지 인사도 없이 휙 하고 들어가는 사람도 있다.

또한 이야기가 끝나기가 무섭게 어깨를 움츠리거나 혀를 날름 내밀면서 익살맞은 표정을 짓는 사람도 있고, 이야기를 막 시작 했을 때는 쾌활하고 큰 소리로 말하더니만 이야기가 점점 진행됨 에 따라 목소리가 작아지고, 마지막에 가서는 개미 소리만도 못 하게 기어들어 가는 목소리로 이야기를 마치는 사람도 있다.

등산에서는 최정상에 오른 직후에 사고가 자주 일어난다고 한다. 건설공사 현장에서도 점심 먹고 나서, 또는 일을 끝마칠 즈음에 순간적으로 일어나는 사고가 가장 잦다고 한다.

인간은 한시름 놓는 순간에 방심하게 되고, 이것이 위험한 사 고로 이어진다.

말하기의 경우도 막 끝낸 순간에는 성취감과 안도감으로 내 심 안심을 하게 된다. '실수하지 않고 무사히 끝났다'라는 기쁨 으로 인해 인사도 하는 둥 마는 둥 하고 들어가는 사람이 있다. 이런 행동은 사람들에게 호감을 주지 못한다.

말하기의 마지막 마무리가 좋지 않으면, 이제까지 애써 사람 들의 관심을 끌면서 훌륭하게 이야기를 했어도 모든 것을 수포 로 만들어버리고, 결국 나쁜 인상만 남기게 된다.

바꿔 말하면, 중간의 내용은 그리 좋지 않았어도 끝맺음을 산 뜻하게 하면 그것만으로도 듣는 사람들에게 좋은 인상을 남길 수 있다는 뜻이다. 끝이 좋으면 전체가 좋아 보이는 것이다.

영화나 텔레비전의 드라마에서도 마지막 장면에 특히 돈과 시간을 들이면서 총력을 쏟아붓는다. 마지막 장면이 좋은 작품은 세월이 흘러도 사람들의 가슴속에 명작으로 남기 때문이다.

전후결형으로 멋지게 끝을 맺는다

간단명료하게 이야기를 끝맺는 것은 무척 어려운 일이지만, 전후결형으로 이야기를 정리하면 매우 간단하면서도 멋지게 끝을 맺을 수 있다.

내용의 마지막을 정리하고 연단에서 한 발 뒤로 물러난 뒤, "감사합니다" 하고 정중하게 인사한 다음 잠시 간격을 두었다가 자신의 자리로 돌아오면 되는데 자기 자리로 돌아올 때까지는 아직 이야기가 끝난 게 아니라는 사실을 명심하고 있어야 한다.

이런 결말방식을 취하면 듣는 사람의 입장에서도 박수를 칠 타이밍을 포착하기 쉽고, 말하는 사람과 청중 사이의 열기도 한층 뜨거워진다.

끝맺는 방식이 좋으면 듣는 사람들의 반응이 좋고, 게다가 여운까지 남길 수 있다.

5장

평소의 훈련으로
긴장을 막는다

쉽게 긴장하는 데는 이유가 있다

인상에 남는 미국 역대 대통령의 연설

링컨이나 케네디, 클린턴, 부시 등 역대 미국 대통령의 취임연설을 살펴보자. 품위와 격식이 높고 심금을 울리는 경우도 있다. 말하는 사람이 자신의 생각을 듣는 사람들에게 쉽게 이해시키기 위해 열정을 갖고 진심으로 호소하고 있기 때문이다. 더욱이 자신만의 언어로 말하기 때문에 듣는 사람들의 마음을 붙잡을 수가 있다.

"친애하는 세계의 시민 여러분, 미국이 여러분을 위해 무엇을 해줄 것인가를 묻지 말고, 인간의 자유를 위해 우리가 함께 무엇을 할 수 있는지 물어보십시오!"

이 말은 뉴 프런티어(New Frontier)라고 불리는 미국의 개척정신을 이야기한 케네디 대통령이 1961년 대통령 취임연설문을 읽으며 말한 결말부분이다. 품위와 격식이 높은 연설로서 아직까지도 계속 회자되고 있다.

이에 비해 대부분의 대통령이나 총리들의 연설은 어떠한가? 그들의 연설을 듣고서 말할 수 있는 것은 '전반적으로 내용이 빈약하고 박력이 부족하다'는 점이다. 그들이 소신을 표명했던 연설들은 너무 담담한 나머지 박력도 없고 열의도 전혀 느껴지지 않았다.

이유는 간단하다. 보좌관이 써준 원고를 연단 위에 올려놓고 시선은 아래로 내리깐 채 그저 획획 낭독한 것에 불과했기 때문이다. 이렇게 하면 듣는 사람의 마음을 붙잡아 둘 수도, 감동을 전할 수도 없다.

그러나 고이즈미(小泉) 정권이 출범하던 날, 그에게는 역대 일본 총리들과 사뭇 다른 점이 있음을 볼 수 있었다. 처음으로 기자회견을 가지면서 그는 일본의 장래에 대한 전망을 원고 없이 자신의 언어로 이해하기 쉽게 이야기했다. 이 일은 현장에 있던 기자단뿐만 아니라 전 국민에게 호평을 얻었다.

듣는 사람은 말하는 사람의 체험이나 사고방식을 살아 있는 언어를 통해 듣고 싶어 한다. 누군가에 의해 만들어진 원고에 사람들은 감동하지 않는다.

고이즈미 총리가 압도적인 지지를 얻을 수 있었던 까닭도 지금까지의 오랜 관습을 과감히 깨부수고 소신껏 자신의 생각을 새로운 형식으로 창출했기 때문이다.

총리와 대통령에 한정된 이야기가 아니다. 우리 국민 전체의 말하기 능력은 미국인이나 유럽인들보다 훨씬 뒤떨어져 있다.

왜 우리는 그들보다 말하기를 잘하지 못하는 것일까? 이유는 다음을 보면 알 수 있다.

우리가 말하기를 못 하는
세 가지 이유

첫째, 국어교육에 결함이 있다

우리에게 표현기술이 부족한 이유는 지금까지 펼쳐온 국어교육에 문제가 있기 때문이다.

현대는 커뮤니케이션의 시대이고, 사람들 앞에서 이야기할 기회는 너무나도 많다. 미국 교육계는 1910년쯤부터 '인간관계와 표현력'이 얼마나 중요한지에 대해서 활발히 주장해 왔다. 그 주장을 뒷받침하기 위해 초등학교 때부터 대학에 이르기까지 '화법' 공부를 필수과목에 포함시켰다.

미국인은 상대의 입장을 존중하기 때문에 표현력이 풍부하고, 또한 커뮤니케이션을 이끌어가는 기술이 대단히 뛰어나다. 이것은 어릴 적부터 자연스럽게 화법공부에 노출이 되었다는 사실을 대변하는 것이다.

이에 비해 우리의 국어교육은 어떠한가? 이토록 중요한 '말하기·듣기' 교육은 등한시하고, '읽기·쓰기' 같은 글자 중심의 지도만 행하여 왔다. 아동교육은 '읽기·쓰기·주산'을 익히게 하는 것이라고 말하였고 지금까지도 이것만 충실히 실천하고 있는 것이다.

현대사회에서는 말하기를 못하는 사람이나 의사소통이 원활히 이루어지지 않는 사람은 샐러리맨으로서도 리더로서도, 또한 사회인으로서도 실격이라고 말하는 시대가 되었다. 모든 것이 서양식이 된 것이다.

뒤늦게나마 교육 관계자들 사이에서 "말하기나 듣기 같은 음성언어 교육에 대한 지도가 충분하지 않다"고 하는 목소리가 높아졌다. 사회가 이렇게 변화해가는 모습을 보며 국어 심의회에서도 "중학교와 고등학교에서 말하기·듣기 교육을 하자"라고 말하는 상황이 되었다. '읽기·쓰기' 중심의 시각적인 교육에서 '말하기·듣기' 중심의 입과 귀를 통한 교육으로 초점이 옮겨간 것이다.

화법분야에서 우리는 유럽이나 미국보다 90년 이상 뒤쳐져 있

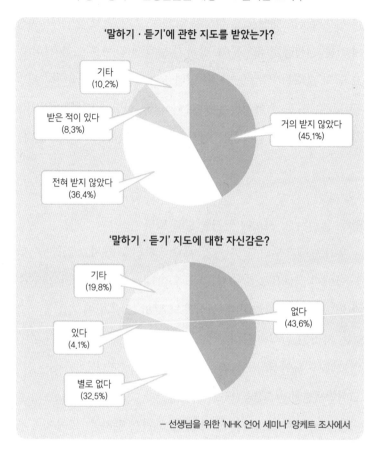

'말하기·듣기'에 관한 지도를 받았는가?

기타
(10.2%)

받은 적이 있다
(8.3%)

거의 받지 않았다
(45.1%)

전혀 받지 않았다
(36.4%)

'말하기·듣기' 지도에 대한 자신감은?

기타
(19.8%)

있다
(4.1%)

없다
(43.6%)

별로 없다
(32.5%)

− 선생님을 위한 'NHK 언어 세미나' 앙케트 조사에서

는 아주 후진국 수준이다. 설상가상으로 아이들에게 화법을 가
르치게 될 일선 교사들조차도 도대체 어떻게 가르치면 좋을지 몰
라 곤혹스러워하는 것이 현재 모습이다.

NHK 국영방송사가 도쿄, 나고야, 오사카에 있는 중·고등학교 선생님들을 대상으로 실시한 앙케트 조사를 보면, 교육 현장에 있는 선생님들 대부분이 '말하기·듣기'에 관한 지도를 전혀 받고 있지 않다는 사실을 알 수 있다(도표 참조). 이 데이터를 뒷받침이라도 하듯이 학생들을 가르쳐야 할 선생님 또한 말하기에 자신감이 없거나, 긴장하는 성격 때문에 고민하는 사람도 많다.

둘째, 말하는 것 자체에 편견을 갖고 있다

우리는 예로부터 말하는 것 자체에 편견을 가지고 있다. 사람들 앞에서 청산유수로 술술 말을 쏟아내는 자는 오히려 믿을 수가 없고 경솔한 사람이며, 성실하지 못하고 뭔가 음모를 꾸미고 있는 자라고 인식해 왔다.

그래서 '불언실행(不言實行; 말없이 실제로 행하다)', '침묵은 금', '교언영색선의인(巧言令色鮮矣仁 ; 입으로만 그럴듯하게 꾸며대는 자 중에는 인격자가 없다)'이라는 둥의 말을 하면서 말하는 것 자체를 경계하였다.

미국에는 많은 인종들이 모여 산다. 수많은 나라의 다양한 민족들이 모여서 성립된 다민족 국가가 미국이다. 때문에 사고방식도 생활습관도 행동패턴도 각각 다르다.

그런 나라에서 잘 살아가기 위해서는 자신의 생각을 확고히 하고 그것을 상대에게 전할 때에는 명확하게 표현할 수 있는 능력을 갖지 않으면 행복한 인생을 만들어갈 수가 없다. 그렇기 때문에 미국인들은 말할 때 애매모호한 표현은 피하고 자신의 생각을 분명하게 드러낼 줄 안다.

하지만 우리는 옛날부터 거의 단일민족으로 형성된 나라이다. 따라서 언어, 생활습관, 전통, 사고방식 등에 비슷한 부분이 많다. '암묵(暗默)의 이해'라든가 '이심전심(以心傳心)'이라는 말이 있는 것처럼 우리나라 사람들은 자신이 생각하고 있는 것을 굳이 말로 표현하지 않아도 상대가 이해해 주리라 생각한다. 그리고 딱 부러지게 말하면 성격에 모가 났다고 착각을 한다.

우리는 그동안 자신의 생각은 가슴속에 깊이 묻어 두고, 가볍게 입을 놀리지 않는 것을 미덕이라 여겨왔다. 이런 사회상식이 정착되었기 때문에 '청산유수로 말하는 놈은 믿지 못할 인간'이라는 낙인이 찍힌 것이다.

이야기를 한다는 것 자체에 심한 편견을 가지고 있었으므로 필요한 최소한의 말밖에 하지 않았다. 그러다 보니 막상 이야기를 해야 할 단계에 이르러서 꿀 먹은 벙어리가 되는 건 어찌 보면 당연한 일인지도 모른다.

셋째, 부끄러움의 문화에 지탱되어 있었다

우리는 예로부터 사람들 앞에서 부끄러움을 느끼는 것을 매우 두려워했다. 우리가 가지고 있는 도덕관의 근원에는 '부끄러움을 모르는 사람은 개나 소와 다름없다'라는 관념이 강하여 세상으로부터 웃음거리로 여겨지는 것을 극단적으로 싫어하였다. 가족 중에서 한 사람이라도 세상의 비웃음을 사는 사람이 나오면 조상의 이름을 더럽혔다고 생각하였고, 자손 대대로 응달에 가려진 사람으로 살아가야 한다는 생각이 뿌리 깊게 정착되어 있었다.

"양반은 얼어 죽어도 곁불은 안 쬔다"는 말이 있다. 실생활은 궁색하기 짝이 없으나 없는 티를 내지 말고 의기양양하게 살아야 한다는 의미다.

옛날부터 우리는 다른 사람들에게 조롱당하지 않기 위해 자신의 속내를 드러내지 않았다. 그러다 보니 마음에 빗장을 채우는 경향이 생겨났다. 이런 부끄러움의 문화는 현대사회에 이르기까지 구구한 세월에 걸쳐 그 명분을 이어오고 있다.

"형이니까 똑바로 해야지요. 모두들 비웃어요."

"그렇게 행동거지가 나쁘니까 사람들이 비웃는 거야."

우리는 대부분 어릴 적부터 어머니한테 이런 주의를 받으며 자란다. 우리의 어머니들이 자식을 교육시킬 때 제일 많이 타이르는 말은 "남에게 부끄럽지 않은 사람이 되어라"라는 것이다. 이 것이야말로 우리가 자식을 교육할 때에 볼 수 있는 가장 큰 특징 이다.

어머니의 이런 가정교육은 "세 살 버릇 여든까지 간다"는 말처 럼 우리가 어른이 되어서도 잠재적으로 가슴속 깊숙한 곳에 남 아 그 영향을 끼치고 있고, '사람들 앞에서 웃음거리가 되면 안 된다'는 관념이 확고하게 정착되었다.

우리의 문화는 세상에 대해 부끄러운 감정을 느끼며 지탱하고 있고 유럽이나 미국인은 기독교 같은 신에 대한 죄의식 문화에 의해 지탱하고 있다. 이런 문화의 차이가 사람들 앞에서 이야기 를 하는 모습과 방법에도 크게 영향을 끼치고 있는 것이다.

'사람들 앞에서 혹시라도 실수하고 창피를 당하면 큰일인 데……'라는 의식이 강하게 작용한 나머지 이야기를 시킬 것 같 으면 눈치를 살피며 이리저리 회피한다. 이러한 의식이 너무 강 하기 때문에 사람들 앞에 나서면 쉽게 긴장하고 마는 것이다.

우리가 사람들 앞에서 말할 때 떠는 이유는 이 세 가지 원인을 다 갖고 있기 때문이고, 사람들 앞에서 긴장하기 쉬운 성격이 되 는 것도 바로 그 이유 때문이다. 우선은 이런 원인을 의식하면서 없애 나가야 할 것이다.

적극적으로 사람들 앞에 나서서 분위기에 익숙해지자

노래하는 것처럼 의욕과 적극성을 갖는다

요즘 사람들은 노래를 잘한다. 사람들 앞에서 노래를 부른다는 것은 엄두도 못 낼 정도로 부끄러운 일이라 생각하던 사람들도 지금은 노래방 등에서 자진하여 노래를 부르기도 한다. 심지어 낯선 사람들에게까지 자신의 노래로 감동을 주려고 하는 듯한 느낌도 받는다. 이런 노래문화에서 보여주는 의욕과 적극성을 말하기에도 적용하면 어떨까?

말하기를 할 때는 긴장하면서도 노래를 부를 때에는 많은 사

람들 앞에 서 있어도 의연하게 노래만 잘 부른다. 몇 번씩 테이프를 들으면서 연습하고, 적극적으로 사람들 앞에 서서 노래하는 경험을 쌓기 때문에 긴장은커녕 당당하기까지 한 것이다. 이런 적극성과 경험을 말하기에서도 활용하는 것이다.

말하기의 기회는 늘어난다

현대사회에서는 사람들 앞에서 이야기할 기회가 매우 많다. 이제는 사람들 앞에서 말하는 것이 무섭다거나 긴장된다고 떨고 있을 때가 아니다. 말하기의 기회는 조회, 설명회, 환영회, 환송회, 총회, 보고회의, 동창회, 결혼식, 반상회, 장례식 등 이루 다 헤아릴 수 없을 정도로 많다.

이 정도로 이야기할 때가 많으니 이것을 기회라고 생각하고 적극적으로 도전해 보자. 이야기를 시킬 것 같은 곳에는 오히려 더 적극적으로 참여하여 말하기를 하자. 이런 자세를 갖는다면 노래를 부를 때와 마찬가지로 분명히 사람들 앞에서 이야기하는 것도 즐거워질 것이다.

화법교실에도 처음에는 쭈뼛대며 "3개월만 공부해 볼게요"라고 말하던 사람이 이제는 사람들 앞에서 이야기하는 것이 즐겁다며 1년 넘게 계속하는 경우도 많다.

적극적으로 기회를 노리는 것은 긴장을 억제하는 것은 물론이고, 듣는 사람들에게 감동을 주는 이야기를 하고 싶다는 의욕마저 불사르는 것이다.

긴장감을 떨칠 수 있는 절호의 기회, 회의

적극적으로 참여하는 자세를 갖자

　긴장감을 자각하고 있는 사람은 회의에 참여하는 것을 꺼리는 경우가 많다. 이것은 자기의 생각을 조리 있게 정리하여 표현하지 못하고 그런 불안으로 인해 점점 더 긴장하여 꼴사나워진 자신의 모습을 상상하기 때문이다.

　긴장하는 성격을 가진 사람은 적극성이 없는 경우가 많고 다른 사람과 의견이 대립하는 것을 특히 싫어한다.

　하지만 그렇다고 해서 회의하는 자리를 피하거나 자리에 참가해서 침묵으로 일관한다면 아무리 시간이 흘러도 긴장하는 성격을 극복할 수가 없다.

가지고 있던 긴장감을 몰아내고 충실한 직장생활을 구축하기 위한 절호의 기회가 바로 회의라는 사실을 깨달아야 한다.

처음에야 긴장하면 어떻고 실패하면 어떠한가? 기가 꺾이지 않고 몇 번씩 도전하는 자세를 갖는 것이 중요한 것이다.

회의라는 것은 평소에 이야기 나눌 기회가 없었던 상사나 거래처 사람들도 참여하는 경우가 많다. 그렇기 때문에 분위기가 바뀌는 경우도 많다.

사실은 말하고 싶은 의견이 있었는데도 실패하고 창피당하면 안 된다는 생각에 제대로 입 한 번 못 떼고 앉아 있는 경우가 많다.

이렇게 손 놓고 앉아만 있는 사이에 자신이 말하고 싶었던 의견을 다른 사람이 먼저 말해 버린다. 그 말은 들은 거래처 담당자가 "오, 지금 의견 참 좋군요. 미처 생각하지 못했던 중요한 문제점을 지적해 주시니 감사합니다"라며 칭찬을 아끼지 않는다. 발언자는 만족스러운 미소를 짓고 있다. 이때 당신이 느끼는 패배감이란 이루 형언할 수 없을 정도가 될 것이다.

'그 의견은 아까 내가 말하고 싶었던 건데요!'라며 아무리 마음속으로 외친들 버스는 이미 떠난 후이다.

회의는 자신을 선전할 수 있는 절호의 기회

대부분의 기업들은 조직화되고 규격화된 모습을 갖추고 있다. 이런 환경에서 일하는 한 사람 한 사람의 역량은 커다란 톱니바퀴를 맞물리면서 돌아가는 하나의 톱니에 불과하다. 아무리 업무에 역량이 있어도 그것을 인정받는다는 것은 여간해서는 힘든 일이다. 그런 이유 때문에라도 회의는 자신의 지식이나 기술을 주위 사람들에게 나타내고 인정받을 수 있는 최고로 좋은 기회이다.

자신의 가치를 널리 알릴 수 있는 절호의 기회 앞에서 우물쭈물하다가 다른 사람에게 뺏기고 나서 비참한 생각이 들었다는 것은 한심하기 짝이 없다. 이런 꼴을 당하지 않기 위해서라도 회의에서는 적극적으로 발언하려고 노력해야 한다.

이런 적극적인 자세야말로 말하려고 할 때마다 몰려오는 긴장감을 추방하는 기폭제가 되는 것이다.

> 회의에서 적극적으로
> 발언·제안하기 위해서는

회의할 때도 발언은 3단계 화법으로

적극적으로 발언하고는 있지만 중요한 결론은 말하지 않고 질질 끌면서 상황 설명에만 시간을 허비하는 사람이 있다. 이렇게 되면 청중의 입장에서는 '무슨 말을 하고 싶은 건지 빨리 좀 말해라' 하는 생각이 들어 답답해지기 마련이다.

회의에서 하는 발언이나 제안도 3분 동안 말하는 방식과 똑같다. 따라서 3단계 화법을 익혀 두면 쉽게 말할 수 있고, 게다가 설득력 있는 발언도 가능하다. 이렇게 하면 누가 들어도 이해하기 쉽고 발언하는 사람도 생각을 정리할 수 있어서 좋다.

예를 들어, 설명해야 할 이유가 세 가지 있다면 우선 결론을 말한 다음에 곧바로, "그 이유로는 세 가지가 있습니다. 우선 첫 번째는……"이라고 말하면서 순서대로 세 가지 이유를 설명해 나가는 것이다.

발언할 타이밍을 노려라

발언을 하는 이상은 듣는 사람이 내용을 납득할 수 있어야 한다. 그러기 위해서는 그저 내키는 대로 의견을 말하는 것이 아니라 발언할 타이밍을 잘 고려해서 말해야 한다.

예를 들면 몇 명인가가 의견을 내놓고, 참가자들이 그 의견에 생각을 집중하기 시작한 시점에 발언을 하면 긍정적으로 들어준다. 또는 의견이 도중에 끊겨 잠시 정적이 흐를 때나 의견이 나오지 않아 사회자가 곤혹스러워할 때 등 회의의 분위기를 잘 파악해서 타이밍을 잡아 발언하면 좋다. 그렇게 하면 당신의 발언은 부가가치가 높아지고 청중은 더 호의적으로 들어줄 것이다.

"세 사람이 모이면 문수보살(文殊菩薩)의 지혜가 나온다"는 말처럼 회의에 적극적으로 참석하여 발언하는 것을 의무라고 생각하자.

회의에서 반대의견을 말하려면

반대의견이 나왔을 경우

십인십색(十人十色)이라고, 열 명의 사람이 있다면 각각의 생각이 다 다를 수밖에 없다. 마찬가지로 회의에서는 제안에 대한 반대의견이 당연히 나올 수밖에 없다.

이럴 때에 중요한 것은 감정적이 되지 않는 것이다. 평소부터 대립하던 상대나 자신보다 후배인 사람이 반대의견을 말해도 냉정함을 잃어서는 안 된다. 그렇지 않으면 회의가 다 끝난 후에도 업무에까지 지장을 초래할 수 있다.

반대의견도 하나의 의견이므로 냉정하게 듣고, 상대를 납득시키기 위해서는 어떻게 설명을 하면 좋을지 생각하여야 한다.

반대의견을 말할 경우

다른 사람의 제안에 대해 반대의견을 말할 경우에는 세심한 주의를 기울여야 한다. 반대의견 그 자체가 상대와의 사이에 긴장감을 만들어낼 수도 있으므로 도발적인 태도나 상대를 경멸하는 어조, 흥분한 표정은 절대로 피해야 한다.

그런 태도를 보이면 그곳에 모인 참가자 전원을 적으로 만드는 결과를 초래하고 회의라고 부를 수 없는 사태에 빠질 우려가 생긴다. 반대의견을 말할 때에도 발언자의 입장을 존중해 줘야 한다는 사실을 잊어서는 안 된다.

"방금 전의 의견은 무척 좋았다는 생각이 듭니다. 그런데 이런 생각도 있지 않을까 싶군요."

이렇게 우선 상대의 입장을 존중한 다음에 자신의 반대의견을 부드러운 어조로 말하도록 한다.

이 'Yes, But 어법'을 이용하면 상대의 자존심에 상처를 입히지 않고도 자신의 의견을 모두에게 펼쳐 보일 수 있게 된다.

어떻게 말하느냐에 따라서 분위기는 감정적으로 바뀔 수도 있고, 또는 모두에게 별다른 거부감 없이 받아들여질 수도 있는 결과를 낳는 것이다.

"반대 없는 곳에 진보란 없다"는 말처럼 오히려 반대의견이 있어야 비로소 보다 충실한 결론이 나오는 것이니, 용기를 갖고 적극적으로 말하도록 하자. 특히 반대의견을 말할 때에는 설득력을 갖도록 노력하자. 논리적으로 반대의견을 말할 수 있게 되었다면 긴장감을 극복하기 위한 노력도 상당히 향상되었다고 말할 수 있다.

효과적으로 반대의견을 말하기 위해서는 앞에서도 말했던 것처럼 3분 말하기의 포인트 열거법에 기초한 줄거리 구성이 크게 도움이 될 것이다.

성공 체험을 통해
자신감을 불어넣자

실패의 경험이 긴장감을 불러 온다

긴장하는 큰 원인은 과거에 실패한 경험 때문인 경우가 많다.

사람들 앞에서 실수하여 크게 창피를 당하면 자존심에 상처를 입어 비참한 기분이 들게 된다. 이것이 트라우마가 되어, 사람들 앞에 서기만 해도 혹시 자신을 비웃고 있는 게 아닐까 싶은 생각이 들고 자기혐오에 빠지는 것이다.

트라우마는 본인이 그동안 잊고 있었던 먼 옛날 어린 시절의 일이다. 그러나 본인의 잠재의식 속에는 그때의 공포가 뚜렷이

각인되어 있다.

두 번 다시는 그런 비참한 꼴을 당하고 싶지 않다는 생각과 함께, 또 사람들 앞에서 실패하여 창피를 당하는 건 아닌가 하는 공포심이 생긴다. 이런 생각들이 심하면 심할수록 긴장의 강도는 점점 강해질 수밖에 없다.

성공 체험을 쌓아 자신감을 갖자

사람들 앞에서 느끼는 두려움으로부터 벗어나기 위해서는 트라우마의 끈을 끊지 않으면 안 된다. 마음을 꽁꽁 얽어매고 있는 과거의 사건으로부터 자기 자신을 해방시켜야 하는 것이다.

트라우마를 탈피하기 위한 가장 좋은 방법은 성공 체험을 쌓는 것이다. 그것에 의해 자신감이 싹트고, 성공한 기쁨이 과거의 쓰라린 기억을 멀리 내쫓아준다.

전 세계적으로 인기가 높은 축구를 예로 들어보자. 예전의 우리나라 감독은 선수들에게 이렇게 다그쳤다.

"왜 이게 안 되냐?"

"넌 이런 버릇이 있으니까 안 되는 거야."

"이걸 못 하면 그만둬야지."

선수들의 결점을 철저하게 지적하며 교정하려 들었다. 그 결과 감독이 말한 대로 되지 않은 선수는 그만 자신감을 잃고, 좋은 소질을 가지고 있으면서도 그 능력을 제대로 펼치지 못하고 말았다.

이에 반해 유럽이나 미국의 지도방식은 선수가 가지고 있는 소질을 칭찬하고 자신감을 불어넣어 주면서 동기를 부여한다.

유럽이나 미국인 감독은 절대로 "안 될 것 같으면 그만둬"라는 식으로는 말하지 않는다.

"너라면 할 수 있어. 반드시 해낼 수 있어."

"이렇게 어려운 것도 해내는구나! 정말 장하다."

이런 긍정적인 말을 사용해서 선수들을 칭찬한다. 그 결과 선수는 자신감을 갖게 되고, 더욱 투지를 불사르기 때문에 능력이 향상되는 것이다.

타인으로부터 인정을 받았다는 기쁨이 성공의 큰 체험이 된다. 그리고 이런 성공 체험을 거듭함으로써 트라우마를 떨쳐내고 자신감을 키울 수 있는 것이다.

직장에서 갖는 조회나 설명회, 회의 등 지금까지 곤혹스러웠던 것에 두려워하지 말고 이제는 적극적으로 도전하여 성공 체험을 쌓아가도록 하자.

여러분이 이와 같은 자세를 확립한다면 사람들 앞에서 느끼는 공포감은 마치 안개 걷히듯 사라지고, 활기에 넘치는 자신의 모습을 발견하게 될 것이다.

과거의 나쁜 기억을 청산함으로써 일상생활이 모든 방면에서 달라져간다.

충분한 준비와 연습을 하자

과거에 실패했던 경험을 떨쳐내고 성공 체험을 쌓기 위한 열의만 있다고 해서 좋은 결과를 기대할 수 있는 것은 아니다. 아무래도 기술적인 문제가 크게 작용할 수밖에 없다.

지금까지 여러분은 사람들 앞에서 하는 말하기를 성공하기 위해 사전 준비방법, 구성방법, 연습방법 등 중요한 기술들을 모두 받아들였다. 따라서 앞으로의 과제는 실천만이 남았고, 이런 것들을 체험함으로써 완전히 몸에 배게 될 것이다.

대충대충 준비하여 사람들 앞에 선다면 같은 실패를 반복하는 꼴이 된다. 긴장감을 극복하기 위한 의지를 굳게 다지고 충분한 연습을 통해 자신감을 얻자. 그리고 이 자신감을 통해 도전해 나가자.

6장

긍정적인 사고로
긴장감을 극복한다

자신이 미처 알지 못했던 부분을 깨닫자

자신의 인물상을 다시 만들어 보자

업무면에서나 성격면에서나 훌륭한 지식과 능력을 갖추고 있으면서도 긴장하는 성격 때문에 재능을 제대로 발휘하지 못하여 자신의 인생에 부정적인 영향을 끼치는 사람이 많다.

인간은 누구나 자기 자신에 대한 인물상이라는 것을 가지고 있다. 이 인물상은 주위로부터 쏟아지는 과잉 기대나 과거의 실패 등에 의해서 만들어진 것이다.

자신의 성격이 소극적이라고 말하는 사람들의 대부분은 '나는 무슨 일을 하든 다른 사람들보다 늘 뒤처져있다'고 생각한다. 그런 것들이 반복되면서 모든 면에서 더욱 소극적이 되는 것이고, '나는 쓸모없는 인간이다'라는 생각에서 벗어나지 못하게 되는 것이다.

우리는 쉽게 긴장하는 성격을 극복하고, 누구나 가지고 있는 훌륭한 자질을 활용시켜서 밝은 미래를 다져가야 한다. 그러기 위해서는 현재의 자기 자신의 모습을 잘 들여다보고 자신에 대한 인물상을 재구성하는 것이 중요하다.

그러려면 우선 현재의 자신을 정확하게 파악할 필요가 있다.

여러분은 자기 자신에 대해 얼마나 알고 있는가? "자신에 대한 것은 자신이 가장 잘 알고 있다"고 말하는 사람도 있지만, 의외로 자신에 대한 것을 가장 잘 모르는 사람이 자기 자신일 수도 있다.

'조하리의 창'이란?

인간은 누구나 자신의 무의식 속에 마음의 영역을 만들어놓고 있다. 다른 사람에게는 말할 수 없는 부분, 스스로도 알 수 없는 부분 등이 있는데 이것을 명확하게 나타낸 것이 '조하리의 창'이다.

이것은 인간의 마음을 네 개의 영역으로 나눠 이론적으로 분류한 것으로서, 조셉 루프트와 하리 잉검이라는 두 명의 미국 심리학자가 공동으로 연구한 것이다.

두 사람의 이름 앞 글자를 따서 '조하리'라는 용어를 만들었고 총 네 개의 창이 존재한다.

① 열린 창 – 자신도 알고 있고 타인도 알고 있는 부분

이 창은 주위 사람들에게 자신을 분명하게 드러낸 부분이다. 예를 들어 생일파티에서 친구들한테 선물을 받고 미소를 짓고 있는 경우 등이 그것이다.

기쁨과 즐거움 같은 마음의 변화는 자신이나 타인에게도 분명하게 드러낸다.

② 닫힌 창 – 자신은 알고 있지만 타인은 모르는 부분

결혼피로연에서 말하기를 할 때 자신이 하는 말과는 모순된 생각을 하기도 한다. 괄호 안에 들어 있는 말 같은 것이다.

"어머, 축하해(네가 나보다 먼저 결혼을 할 줄은 몰랐어). 신랑이 잘생겨서 너무 부럽다(생각보다 잘난 사람은 아니네). 늘 행복해라(사네 못 사네 얘기가 언제 나올지 궁금하다)."

겉으로는 생글거리며 이야기하고 있지만 마음속으로는 전혀 딴 생각을 품고 있는 경우이다. 그러나 듣는 사람의 입장에서는 말하는 사람의 본심을 알 리 없다. 소위 속마음과 겉마음이 다

른 것이다.

자신의 본심을 표면에 드러내지 않기 때문에 타인으로서는 알 수 없는 마음의 변화이다.

③ 맹목의 창 – 자신은 모르지만 타인은 알고 있는 부분

자신은 깨닫지 못하고 있지만 타인에게는 잘 보이는 부분이다.

예를 들면 사람들 앞에 나가 말할 때 긴장을 하는 경우인데, 자신에 대한 것은 전혀 보이지 않게 된다. 얼굴은 벌겋게 달아오르고, 몸은 엉거주춤한 상태에서 상기된 목소리로 말한다.

듣고 있는 사람들은 모두 이 모습을 잘 알고 있지만 본인은 잘 알지 못한다.

이 모습을 동영상으로 찍은 것을 보고 나서야 비로소, "내가 이런 태도로 이야기했어요? 내가 이런 소리를 내면서요?"라며 그때서야 깨닫는다. 의외로 자기 자신은 인식하지 못하는 부분이 많다.

④ 어두운 창 – 자신도 타인도 모르는 숨겨진 부분

자신도 타인도 모르는 마음의 숨겨진 부분으로, 이것은 무의식의 세계에 관한 것이다.

예를 들어, 최근에 가족의 말과 행동이 자꾸 거슬려 왠지 모르

게 화가 나거나 매우 사소한 것이 원인이 되어 부부싸움으로 번졌다. 본인은 이렇게 된 이유를 전혀 모르고 있지만, 사실은 작년 가을에 자신이 귀여워하던 애완견의 죽음이 원인으로 작용한 것이다.

이러한 마음의 동요는 자신도 모르고 타인도 잘 모르는 부분이다.

마음속에 숨겨진 미지의 부분을 알아간다

우리의 마음속에는 자신도 모르는 미지의 부분이 많다.

인간은 무의식적으로 자신에 대해 알고 있는 부분을 기초로 하여 인물상을 구축하지만 그렇다고 자신에 대한 것을 전부 알고 있을 수는 없다.

그러나 자신의 마음속에 있는 미지의 부분에 대해 조금이나마 알려고 하는 노력은 당연히 필요한 것이다. 이것이 긴장감을 극복하는 결정적인 방법이 되기 때문이다. 앞의 ③과 ④에서 말한 미지의 부분을 얼마만큼 줄여서 잘 아는 부분으로 만드느냐가 관건인 것이다.

조하리의 창

1. 열린 창	3. 맹목의 창
자신도 알고 있고, 타인도 알고 있는 부분	자신은 모르지만, 타인은 알고 있는 부분
2. 닫힌 창	4. 어두운 창
자신은 알고 있지만, 타인은 모르는 부분	자신도 타인도 모르는 숨겨진 부분

1. 열린 창	3. 맹목의 창
2. 닫힌 창	4. 어두운 창

이 부분을 알아간다

③에서 말한 맹목의 창은 자신은 모르고 있지만 타인은 잘 알고 있는 부분이다. 따라서 자신에 대한 것을 타인에게 배우는 방법이 최선이다.

인간은 자기 스스로는 알 수 없는 버릇이나 습관을 가지고 있다. 특히 말을 할 때에는 그 사람의 버릇이 나타난다. 그런데 이것이 안정감을 잃고 긴장감으로 이어지는 경우가 종종 있다.

이를 막기 위해서는 자신이 인식하지 못하는 장점이나 결점을 타인에게 전해 듣고, 미지의 부분을 잘 아는 부분으로 바꿔 가는 것이 중요하다. 특히 지금까지 알지 못했던 장점은 자신감으로 이어지고, 이 자신감이 긴장감을 극복하는 무기로써 커다란 역할을 담당하게 될 것이다.

그러나 모처럼의 기회에 본인이 모르는 부분을 알려주려 하는데 순수한 마음으로 듣지 않는 사람이 있다. 자신에 대한 것이라도 의외로 본인이 모르는 경우가 많은데도, 다른 사람의 이야기를 겸허한 마음으로 듣지 않는다. 이런 사람에게서는 성장이라는 것을 기대할 수 없다.

입지전적 인물로 꼽히는 마쓰시타 전기의 창업주인 고(故) 마쓰시타 고노스케는 "인간은 몇 살이 되든 간에 순수함을 잃어서는 안 된다. 순수함이라는 것이 가장 중요한 것이다"라고 말했다. 실제로 마쓰시타 씨는 젊은 사람의 의견에도 열심히 귀를 기울였다고 한다.

이렇듯 자신이 미처 인식하지 못했던 장점이나 단점을 가르쳐주는 사람의 존재를 소중히 여기고, 그 사람이 하는 말을 순수한 마음으로 듣고 깊이 새기자.

긍정적인 이미지와 자기암시를 건다

④의 어두운 창을 잘 아는 부분으로 바꾸기 위해서는 긍정적인 이미지와 자기암시가 필요하다. 어두운 창이라는 것은 스스로도 인식하지 못하는 무의식의 세계이며 잠재의식을 가리키는 영역이다. 자신도 타인도 잘 모르는 부분을 알기 위해서는 잠재의식을 활성화시켜야 한다.

이것과 관련된 문제는 다음 장에서 자세히 설명하겠다.

잠재의식을
활성화하자

마음이란 대개 무의식의 세계이다

　마음이라는 것은 두 가지 기능을 가지고 있다. 이 두 가지 기능이란 의식(드러나는 의식)과 무의식(잠재의식)이다. 긴장감을 누르고 자신의 역량을 충분히 발휘할 수 있는 자신감을 심어주기 위해서는 잠재의식을 활성화시켜야 한다.

　인간의 마음은 다음 페이지의 그림에서와 같이 해면에 떠오른 빙산과도 같다. 해면에 떠올라 있는 빙산의 일각이 의식하는 마음인 것이다. 그리고 바다 밑에 널찍하게 잠겨 있는 것이 잠재의

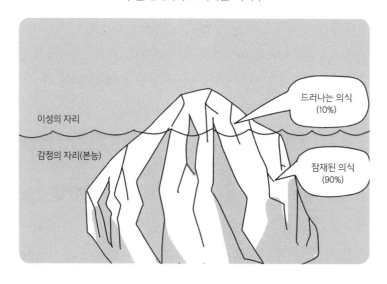

식으로서, 스스로 인식하지 못하는 의식이다.

의식(드러나는 의식)은 판단을 하거나 결심을 굳힐 때 이용되는 마음의 영역이다. 이 드러나는 의식은 해면 위에 떠올라 있는 극히 적은 일부분이고, 마음의 대부분은 해면 밑에 잠겨 있는 잠재의식이다.

행동은 잠재의식에 의해 지배 받는다

예를 들어 당신이 다른 사람들 앞에서 말하기를 한다고 가정해보자. 당신의 차례가 다가왔다. 두리번두리번 주위를 둘러보며 몸의 움직임이 아주 산만해진다. 사회자가 당신의 이름을 소개했다. 가슴이 그만 덜컥 하고 내려앉는다. 그래도 의자에서 일어나 종종걸음으로 무대에 오른다. 사람들 앞에 섰을 때 이미 얼굴은 빨갛게 달아올랐고 호흡은 가빠져 있다.

이 모든 동작들은 당신이 의식하면서 하는 행동일까? 아니다. 전부 잠재의식에 의해 지배당하고 있는 것이다.

이렇게 인간이 비상사태에 직면하면 의식은 뒤로 후퇴하고 잠재의식이 힘을 발휘한다.

긴장하는 성격 때문에 쥐구멍이라도 찾고 싶어 하는 사람이, "오늘은 긴장하지 않고 말하겠어"라며 일부러 의식하면서 긴장감을 억누르려 노력한다고 하자. 한마디로 이것은 해면 아래에서 광대한 영역을 차지하고 있는 잠재의식의 힘을 무시하고 있는 처사다.

말로써 잠재의식에
발동을 걸자

부정적인 암시를 피하자

간부 임원회에서 A라는 여성이 지난 1년 동안의 경과보고를 하기로 결정되었다. 그런데 그녀는 긴장하는 자신의 성격 때문에 매우 걱정하고 있었다.

"아아, 어쩌지. 분명 긴장하고 말 텐데…… 만약 목소리가 떨려서 말이 안 나오게 되면 어쩌지? 얼굴이 벌겋게 달아오르지나 않으면 좋겠는데. 아, 정말 이를 어째."

아니나 다를까, 당일 A씨는 자신이 염려하던 대로 꽁꽁 얼어버리고 말았다. 얼굴은 새빨간 홍당무가 되었고 이마에서는 식은땀이 흘렀다. 목소리마저 떨리고 있어서 회의장에 참석한 사람들을 조마조마하게 만들었다.

이는 자신이 내뱉은 말이 부정적인 암시를 걸어 긴장감을 불러일으킨 예이다. 말의 영향이 얼마나 큰가 하는 사실을 알아두었으면 한다.

말에 의한 암시 실험 … 그 첫 번째

다섯 명의 한 산악회 회원들이 산에 올랐다가 옻나무 아래에서 점심을 먹게 되었다. 옻이 오른다는 게 뭔지도 잘 모르는 회원들에게 어떤 사람이 이렇게 말했다.

"이봐, 큰일 났어. 이 나무는 옻나무야. 옻나무는 스치기만 해도 옻이 오른단 말야."

하며 농담 반 섞어서 부산을 떨었다.

며칠 뒤 5명 가운데 3명이 옻이 오르고 말았다. 얼굴 전체에 옻이 올라 괴물처럼 된 사람도 있었다. 더 기가 막힌 것은 농담으로 이야기했던 사람도 양손과 눈언저리에 옻이 올라 마치 판다 같은 얼굴로 변해 있었던 것이다.

이 이야기를 들은 어느 대학병원의 의사가 이 세 사람을 불러다 실험을 해보기로 하였다. 우선 당사자들에게는 알리지 않고 꽃병에 옻나무 가지를 많이 꽂아 둔 방에서 한 시간 정도 같이 잡담을 나누게 했다. 그 후 3~4일 상태를 지켜보았지만 세 사람 모두에게 아무런 변화가 나타나지 않았다.

며칠 뒤에 다시 한 번 실험을 해보았다. 이번에는 꽃병 속에 도토리 나뭇가지를 꽂아놓고 역시 세 사람과 함께 1시간 정도 잡담을 나눴다. 그리고 이야기를 끝내고 다른 방으로 가서,

"사실은 아까 꽃병에 꽂혀 있던 게 옻나무 가지였어요."

라며 아무렇지 않은 듯 말해 보았다. 그러자 1시간도 채 되지 않아 세 사람 모두의 손과 얼굴에 옻이 오르는 증상이 나타나는 것이었다.

이는 다른 사람의 말에 의해 암시에 걸려들었기 때문이다. 인간은 이 정도로 암시의 힘에 약하다.

말에 의한 암시 실험 … 그 두 번째

실제로 인간의 언어와 마음이 얼마나 밀접한 관계가 있는지, 다음의 실험을 통해 알아보자. 먼저 10원짜리 동전 가운데에 구멍을 뚫어 30센티미터 길이의 실을 꿴다. 그리고 실의 양쪽 끝을 모아 손으로 잡은 다음 동전을 응시하면서, '옆으로 흔들린다.

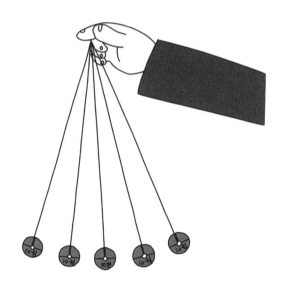

옆으로 흔들린다. 옆으로 흔들린다. 더 옆으로 흔들린다' 하며 마음속으로 암시를 거는 것이다. 그러면 정말로 옆으로 크게 흔들린다.

이 동전은 옆으로든 세로로든 둥그렇게든 마음속으로 암시를 거는 대로 움직인다. 이것은 자신의 말로써 스스로의 마음에 암시를 걸기 때문에 손가락 끝이 그대로 따라서 움직이는 것이다. 이 실험을 '쉐브렐의 진자(흔들이)'라고 일컫는다.

이처럼 자신의 말로 마음에 암시를 주면 몸이 반응하게 된다.

잠재의식을 작용케 하는 능력을 개발하자

우리는 매일 머릿속으로 많은 일들을 생각하는데 이때는 반드시 말이란 걸 사용한다. 다른 사람과 이야기를 할 때에는 목소리를 내서 말을 사용하고, 사물을 생각할 때에는 말을 사용하여 생각한다.

그렇게 우리는 매일 말을 사용하고, 결국 자신이 내뱉는 말로써 무의식중에 자기에게 암시를 걸고 있는 것이다. 그리고 그 암시에 따라 몸이 반응하고, 능력 또한 좌우되고 있는 것이다.

초등학생 중에는 소풍날이 되면 열 때문에 몸이 아파 결석하는 학생이 있다. 그 까닭은 소풍에 대한 기대가 너무 큰 나머지 감기에 걸리면 안 된다고 생각했기 때문이다. 그런 염려가 오히려 실제의 현상으로 나타나고 만 것이다.

말 → 마음 → 몸 → 능력

이것이 언어가 갖는 인과관계다. 이 인과관계를 잘 이용하여 잠재의식에 작용하게 하면 자신의 능력을 발휘하는 것이 가능해진다.

부정적인 사고가
부정적인 암시를 건다

긴장하는 사람이 하는 부정적인 암시

　긴장하는 사람은 부정적인 생각을 하고 있고, 무의식 속에서 스스로 부정적인 암시를 걸고 있다.

　'정말 싫다. 오늘도 긴장하는 게 아닐까?'

　'또 말하기 전부터 얼굴이 벌겋게 달아오르고 말도 더듬대면 모두들 비웃을 텐데.'

　'창피를 당하면 어쩌지?'

　이런 불안한 생각을 가지고 있으면 실제로 그런 현상이 나타나 창피를 당할 확률이 높아진다. 왜냐 하면 그런 생각을 습관화시키면 그것이 잠재의식의 데이터로 기억되어 몸에서 그대로 반응하기 때문이다.

부정적인 말이 능력을 깎아내린다

그럼 이번에는 지금까지 당신이 어떠한 화술을 사용해 왔는지 생각해 보자.

업무에서든 인간관계에서든 가정생활에서든, 사람이 생활하면서 갖게 되는 사고방식에는 그 사람만의 독특한 버릇이 있다. 그런데 그 사고방식이란 게 말로써 표현이 된다.

"나는 이야기를 못 하니까."

"나는 곧잘 긴장하는 성격이야."

"나한테는 그런 능력이 없어."

"나는 자신감이 없어."

"사람들한테 웃음거리가 되면 어쩌지?"

"어차피 해봤자 소용없는 게 뻔해."

"더 이상은 안 돼."

생활하면서 이런 부정적인 말을 하지는 않았는가? 무의식중에라도 부정적인 말을 하기 때문에 정말로 그러한 결과가 나타나는 것이다. 자신만이 가지고 있는 훌륭한 재능을 자신의 말로 써 깎아 내리고 있다는 말이다.

여러분이 하는 말이 여러분 자신의 능력을 좌우한다는 사실을 절대로 잊어서는 안 된다. 평소에 무의식적으로 사용하는 말이 잠재의식에 영향을 끼쳐 현실 속에서 큰 연쇄반응을 일으키는 것이다.

암시방법을 착각하면
도리어 긴장한다

'노력 역전의 법칙'이란

긴장에서 벗어나기 위해서는 의식적으로 긍정적인 암시를 주는 것이 중요하다. 왜냐 하면 잠재의식은 깨어 있는 의식에 의해 조절이 가능하기 때문이다.

그런데 "잠재의식을 조절하기 위해 깨어 있는 의식(드러나 있는 의식)으로 제어하려 했지만 도무지 고쳐지지 않았어요. 전보다 더 심해진 것 같아요"라고 말하는 사람도 있다. 그 까닭은 조절하는 방법이 틀렸기 때문이다.

과거에 사람들 앞에 섰다가 너무 얼어버려 창피를 당한 경험이 있는 사람은 또다시 사람들 앞에 서면 마찬가지로 얼어버린다. 이런 현상은 조건반사에 의해 일어나는 것이다. 이것은 '또 얼어버릴지도 몰라'라고 생각한 그 말과 이미지로써 자신의 마음에 암시를 건 것이다.

많은 사람들이 '긴장하지 말자', '긴장해서는 안 돼'라며 마음속으로 되뇌는 경우가 많다. 잠재의식은 현재의 의식이 내린 명령에 순순히 따르는 성격을 가지고 있다. 그래서 특히 조심해야 하는 것이 명령을 내리는 방법인 것이다.

'나는 많은 사람들 앞에서도 긴장하지 않고 말할 수 있어.'

'나는 사람들 앞에 나가도 얼굴이 빨개지지 않아.'

'나는 사람들 앞에서 이야기해도 결코 목소리가 떨리지 않아.'

이런 명령을 내린다면 틀림없이 긴장하여 얼굴이 후끈후끈 달아오를 것이다. 목소리 또한 지금보다 더 떨릴 것이다.

왜냐 하면 '긴장하지 않아', '얼굴 빨개지지 않아', '목소리가 떨리지 않아'라는 말을 사용한 그 순간 머릿속에는 긴장한 모습, 얼굴이 빨개진 모습, 목소리가 떨리는 모습이 이미지로 나타나 있기 때문이다. 부정적인 말로 암시를 주면 자신이 원하는 방향과는 반대로 몸과 마음이 움직이는 결과를 낳는다. 이것을 에밀 크에의 '노력 역전의 법칙'이라고 한다.

신념이 강하면 당당하게 말할 수 있다

마음속으로 '사람들 앞에 나서도 당당히 말할 수 있다'는 신념을 가지면 정말로 당당해질 수가 있다. 당당히 말할 수 있다고 생각하면서도 한편으로는 '혹시나 긴장하면 어쩌지?' 하면서 떨고 있는 자신의 모습을 이미지로 그리기 때문에 실제로도 긴장하는 것이다.

성공할 것을 굳게 믿고 긍정적인 이미지만 떠올리는 것이 중요하다. 그렇게 연습을 반복하여 이런 사고방식을 습관화할 필요가 있다.

긍정적인 암시로 긴장감을 쫓는다

서커스단의 코끼리를 보라

잠재의식을 컨트롤하는 방법은 자기암시를 통해 명령을 내리는 것이 최선이라고 할 수 있다.

"불이 나면 바보 같은 힘이 솟는다"는 말이 있다. 인간이란 참으로 불가사의한 존재이다. 평소 같으면 들지도 못할 무거운 금고를 불이 나는 상황에서는 거뜬히 들어 바깥으로 내가기도 하니 말이다. 이처럼 인간에게는 놀라운 능력이 있다. 하지만 평소에는 그 힘의 절반도 발휘하지 못한다.

서커스를 위해 쳐놓은 텐트 뒤편에서 집채만 한 코끼리가 작은 쇠사슬에 묶여 하루 종일 꼼짝도 하지 못하는 광경을 본 적이 있는가? 겨우 작은 쇠사슬을 말뚝에 묶어 둔 것뿐인데도 말이다. 덩치 큰 코끼리가 마음만 먹는다면 간단히 쇠사슬을 끊을 수도, 말뚝을 뽑을 수도 있을 것이다. 코끼리는 금방 자유의 몸이 될 수 있는데 왜 하루 종일 가만히 서서 꼼짝도 않는 걸까?

사실 이 코끼리는 어릴 적에 굵은 쇠사슬에 묶여 단단하고 튼튼한 말뚝에 연결되어 있었다. 그러던 어느 날, 코끼리는 왠지 자유롭게 뛰어 놀고 싶은 욕망에 사로잡혀서 쇠사슬을 끊으려고 큰 난동을 부렸다. 그러나 아무리 발버둥 치며 쇠사슬을 끌어당겨 봐도 말뚝이건 쇠사슬이건 꿈쩍도 하지 않았다. 몇 번이고 시도를 했지만 실패로 끝나고, 결국은 자유로운 몸이 되는 것을 포기해 버렸다.

이 경험은 성장한 후에도 뇌리에 박혀 있어 시야 안에 일단 말뚝과 쇠사슬이 보이면 코끼리는 움직일 수 없다고 단정하고 하루 종일 꿈쩍도 하지 않는 것이다.

여러분은 어떠한가? 혹시 서커스단의 코끼리가 되어 있지는 않은가? 본래는 훌륭한 능력을 가지고 있는데도 '사람들 앞에 나가면 긴장되어서요'라거나 '나한테는 소질이 없어서……'라며 자신의 잠재의식에 부정적인 암시를 주고 있지는 않은가? 그것이 자신의 능력을 자기 손으로 꽁꽁 묶어 놓는 결과를 부른다.

여러분이 본래 갖고 있는 훌륭한 능력을 발휘하기 위해서는 잠재의식에 긍정적인 암시를 주는 것이 필요하다.

연습하여 몸으로 기억하는 것이 중요하다

그렇다고 '나는 사람들 앞에서도 당당히 말할 수 있어'라며 자기암시를 준다고 해서 금방 그렇게 된다고는 할 수 없다.

예를 들어, 노래를 부르는 게 어째 어색하고 서툰 사람이 '난 멋지게 노래를 부를 수 있어'라고 스스로에게 다짐을 시켰다고 금방 꾀꼬리처럼 노래 부를 수 있게 되는 것은 아니다.

노래를 잘 부르고 싶다면 우선은 역시 음감(音感)을 풍부하게 하는 것부터 시작해야 한다. 아무리 노래하는 방법에 대한 이론을 들었다한들 음치인 사람이 금방 꾀꼬리가 될 수는 없는 법이다. 몇 번이건 연습하여 몸으로 기억하는 것이 중요하다.

사람들 앞에서 이야기를 하는 것도 마찬가지다. 준비방법이나 구성방법을 공부한 다음 몇 번씩 연습을 거듭하면서 몸으로 기억해야 하는 것이다.

거기에다 자기암시를 줌으로써 실제로 사람들 앞에 섰을 때에 자신이 갖고 있는 능력을 최대한 발휘할 수 있는 것이다.

긍정적으로 생각하면 효과가 나타난다

긍정적인 생각을 하는 사람은 무의식중에 '나는 멋지게 이야기할 수 있어'라고 생각하기 때문에 그 말 그대로 연습의 효과가 나타난다.

반대로 비관적인 생각을 하는 사람은 애써 공부를 하여 능력을 익혀도 '어차피 나는 이야기를 못 하니까 아무리 연습해도 안 될 거야'라며 자신에게 부정적인 암시를 건다. 그렇기 때문에 실제로도 그런 현상이 일어나는 것이다.

많은 사람들 앞에 서서 당당히 이야기를 하고, 나아가 청중으로부터 우레와 같은 박수나 칭찬을 받기 위해서는 자기가 자신의 힘을 느끼는 것이 필요하다. 여기서 중요한 점은 긍정적인 암시만 믿고 과거의 어두운 그림자를 내쫓아버려야 한다는 것이다.

자기암시를 반복하라

암시(暗示)라는 것은 최면상태가 아니면 효과가 없다고 생각하는 사람이 많은 것 같다.

그러나 결코 그렇지는 않다. 자기암시란 자기가 스스로에게 주는 것이다. 그것은 일상생활 속에서 계속 반복하면서 잠재의식에 부여하는 것이 가장 큰 효과를 나타낸다.

반복함으로써 집중력이 높아지기 때문에 자기암시는 집중력이 높은 사람일수록 반응이 강하게 나타난다. 앞에서 나온 동전의 진자 실험에서도 '옆으로 흔들린다. 옆으로 흔들린다……', '원을 그리며 돈다, 원을 그리며 돈다……'라고 반복하는 것은 스스로 집중력을 높여가기 위함이다.

현재 드러나 있는 의식은 지적인 설득이나 이론에 반응하지만, 잠재의식은 감정이나 반복이 부여되어야 효과가 나타난다.

긍정적인 암시어를 만들어보자

암시어는 자신이 직접 만들자

자기암시를 걸기 위한 긍정적인 단어를 만들어보도록 하자. 실제로 암시어를 만들 때 조심하지 않으면 안 되는 점이 있는데, 다음의 네 가지이다.

· 분명한 목표를 명확하게 드러낸다.
· 목표는 최소한도에서 정한다.
· 짧은 말로 정리한다(짧고 단적으로 표현한다).
· 구체적으로 표현한다.

예를 들어 긴장감을 극복하고 싶다면 다음과 같은 말은 어떨까?

"나는 많은 사람들 앞에서도 당당히 말할 수 있어."

"화법은 나날이 좋아지고 있어."

이 예들은 어디까지나 참고 정도로 보길 바란다. 왜냐 하면 '조하리의 창' 중에서 '맹목의 창' 부분을 타인에게 지적 받으면, 이제 당신은 자신을 가장 잘 아는 존재가 되었기 때문이다. 따라서 암시어는 자신이 직접 생각하여 가장 적절한 말을 만드는 것이 좋다.

잠재의식에 암시어를 심어라

빙산의 일각에 비유한 '드러나 있는 의식'과 해면 아래에 널리 퍼져 있는 '잠재의식'의 관계는 이미 앞에서도 말하였다. 잠재의식은 드러나 있는 의식이 내리는 명령에 순순히 따른다는 사실도 알아두었으면 한다.

화법교실에는 '슈퍼 셀프 과목'이라는 강좌가 있다. 이것은 자기암시로 잠재능력을 개발하는 공부인데, 이 강좌가 다 끝나는 대로 성과 발표회를 갖는다. 이때 무대에서는 날씬한 여성이 자기암시를 걸어 뒤로 쓰러진다. 그러면 2명의 동료가 그녀의 머리와 다리를 들어 약간 떨어져 있는 의자 위에 수평으로 올려놓는다. 이로써 몸을 이용한 다리가 만들어지는 것이다. 천장을 향해 똑바로 누운 여성의 배 위에 70㎏ 정도 나가는 남성이 자신의 체중을 실어 그 위에 앉는다. 그래도 여성은 꿈쩍도 않는다.

진자에서는 '흔들린다'로, 사람을 눕혀놓은 인간 다리에서는 '몸이 딱딱해진다'로 명령을 내려 잠재의식이 복종하게 만드는 것이다.

직접 만든 암시어를 통해 효과적으로 잠재의식에 심는 방법을 그림으로 소개해 놓았다. 실제로 시험해 보길 바란다.

중요한 것은 기술적인 테크닉이 아니라 뇌를 개방하여 자유분방하게 놀게 하는 것이다.

마음속에서 좋은 이미지를 느껴라

이와 같이 모든 것을 머릿속에서 몰아내고 심신의 긴장을 풀면 잠재의식이 기꺼이 명령을 받아들이기 위해 문을 활짝 연다.

이미지는 잠재의식에게 이야기를 하려는 말이다. 시각화된 바람은 잠재의식에 발동을 걸어, 그 힘을 이끌어내는 중요한 기능을 가지고 있다.

당신이 지금까지 체험한 것, 본 것, 들은 것, 읽은 것은 모두 마음속에 이미지로 정리되어 있다. 처음에는 마음속에서 이미지가 그려지고, 다음은 말이라는 도구를 통해 표현되어 간다. 인

1. 벽을 등지고 10cm 정도 떨어져서 편안한 마음으로 서 있는다.

2. 양쪽의 발끝과 뒤꿈치를 붙이고 긴장하는 자세를 취한다.
   눈을 감고서 배 안의 공기를 전부 내뱉는다. 정신을 통일하여 천천히 복식호흡을 11~12회 실시한다. 특히 발뒤꿈치 쪽을 의식한다. 들이쉴 때는 발의 뒤쪽에서부터, 내쉴 때는 발의 뒤쪽에서부터 내쉰다는 생각으로 배를 푹 꺼지게 한다.

3. '몸이 뒤로 이끌려 간다', '몸이 뒤로 쓰러진다', '몸이 뒤로 넘어간다'라는 말을 머릿속에서 몇 번씩 반복한다. 대부분의 사람들이 뒤의 벽에 등을 기대게 될 것이다.
   자신의 말에 순순히 응하는 사람일수록 자기 암시의 효과가 크게 나타난다.

1. 등을 곧게 펴고 의자에 깊숙이 앉거나 천장을 향해 바닥에 똑바로 눕는다.
   눈을 살며시 감고, 양손의 힘을 빼서 축 늘어뜨리든가, 배 위에서 가볍게 깍지를 낀다.
   양쪽 발은 무릎보다 조금 앞으로 내민 상태에서 힘을 빼고, 아랫배에는 가볍게 힘을 준다.
   이 자세로 복식호흡을 4~5회 실시한다.

2. 발바닥에 의식을 집중시켜 발바닥이 따뜻해지는 것을 느낀다.
   그 다음에는 손바닥이 따뜻해지는 것을 느낀다.

3. 머릿속으로 자신의 모습을 그린다.

   200명 가량 모인 사람들 앞에서 자신이 생글생글 미소를 지으며 자연스럽게 이야기를 하고 있다.
   듣는 사람들은 재미있다는 듯이 고개를 끄덕이며 열심히 듣고 있다.
   말하기가 다 끝나고 나서 청중들에게 깊은 감사의 말을 올린다.
   청중들은 따뜻한 시선으로 칭찬의 박수를 보낸다.
   회장이 떠나갈 것만 같은 큰 박수소리를 들으며 무대에서 내려온다.

4. 이미지를 떠올리면서 자신이 만든 암시어를 되새긴다.
   "내 화법은 나날이 좋아지고 있다."
   "나는 많은 사람들 앞에서도 당당히 이야기할 수 있다."

5. 이미지를 그리고 나서, 그 여운을 머릿속에 넣고 이 상태에서 가만히 눈을 뜬다.
   하나, 둘, 셋을 세면 발, 손, 팔에 힘이 느껴진다.
   마침내 자신으로 되돌아온다.

간은 마음속에서 기본적으로 말이 아니라 이미지로 사물을 생각한다. 따라서 우선 이미지를 통해 마음속에서 사물을 보면 인상이 강렬하게 남고, 그것이 적극적으로 잠재의식에 말을 거는 결과를 만든다.

여러분은 자신이 가지고 있는 좋은 이미지를 진심으로 믿는 것이 중요하다.

긴장하는 성격을 극복하면
인생이 바뀐다

긴장하는 성격은
현대병을 낳는다

긴장하는 성격은 인생까지 바꿔버린다

사람들 앞에 섰을 때 긴장하는 증상을 단순히 그때만 벌어지는 일시적인 현상이라고 생각해서는 안 된다. 무엇보다도 두려운 것은 긴장감이 그 사람의 성격을 바꾸고, 인생마저도 바꿔버린다는 사실이다.

"인간은 자존심 덩어리다"라고 말해도 과언이 아니다. 인간은 누구나 남에게 인정받고 싶다는 생각을 강하게 가지고 있다.

하지만 이런 자존심은 매우 상처받기 쉽다. 누구나 자신의 자존심을 지키려 하니까 말이다.

사람들 앞에서 실패를 하거나 창피를 크게 당해 자존심에 상처를 입으면, 두 번 다시는 이런 경험을 하고 싶지 않다는 극도의 공포감에 시달린다. 이 공포감을 견딜 수가 없어 소극적인 성격이 되는 것이고, 스스로를 적극성이 없는 인간으로 키워 나가는 것이다.

사회인의 약 10%가 불안신경증을 겪고 있다

한 재단법인이 1만 2천 명의 사회인을 대상으로 조사를 실시하였다. 그 결과 전체의 9.1%에 해당하는 사람들이 불안신경증이라는 현대병에 걸려 있다는 결과가 나왔다.

불안신경증이란 불안 때문에 갑자기 가슴이 조여들면서 심장의 박동이 빨라지는 것으로, 금방이라도 죽을 것만 같은 발작에 엄습 당하는 병이다. 이것이 프롤로그에서 언급했던 '심장신경증'이다.

이러한 마음의 병은 자신의 소중한 인생에 커다란 마이너스가 된다. 만약 그대로 놔둔다면 더욱 불행한 길로 치닫게 된다는 사실을 깨달아야 한다.

자의식이 강한 사람일수록 다양한 콤플렉스에 빠지기 쉽다.

그리고 한번 콤플렉스를 갖게 되면 자신 안에 있는 세계에 빠져드는 경향이 있고, 사물을 비관적으로 바라보기 때문에 자신이 가지고 있는 소중한 능력의 싹을 잘라내게 된다.

긴장하는 사람은
과거 지향형이다

'과거 지향형'은 과거에 집착한다

긴장하는 성격이 현대병으로 이어진다고 말하였다. 긴장을 잘 하는 사람은 긴장을 너무 두려워한 나머지 모든 일에서 도피하고 다른 사람들과의 접촉을 끊는다. 그 결과 내향적이고 소극적인 사람이 만들어진다.

가령 소극적인 사람이 시험에 도전하여 두 번 다 실패했다면 '두 번 있었던 일은 세 번도 가능하지'라는 부정적인 생각을 하게 된다. 게다가 더욱 안 좋은 점, 소극적인 사람은 '과거 지향형'

이라는 사실이다.

'과거 지향형'은 실패에 대해 매우 '후회'하며, 얽매여 있다고 말할 수 있을 정도로 과거에 집착한다.

예를 들어 애인과 데이트를 한다고 하자. 드라이브로 즐거운 하루를 보내고 헤어질 때다.

"방향이 다르긴 하지만, 오늘은 내가 집까지 바래다줄게."

"괜찮아. 여기서부터는 나 혼자서도 전철로 갈 수 있어."

"아냐, 아냐. 신경 쓰지 마. 바래다줄게."

그러고는 차를 운전해서 기어이 애인을 바래다준다.

즐거웠던 여운도 있고 해서 콧노래로 흥을 돋우며 기분 좋게 운전하고 있는데, 갑자기 '삐~뽀, 삐~뽀, 삐~뽀' 하는 소란스러운 사이렌 소리가 들려온다. 속도위반을 단속하는 경찰차이다. 이런 경우 '과거 지향형' 경향을 가진 사람은 자신의 차로 애인을 바래다주려 한 것을 후회하기 시작한다.

"너를 바래다주다가 속도위반으로 잡힌 것 아냐! 너만 바래다주지 않았으면 난 무사한 건데. 딱지도 떼이지 않을 거고, 벌점도 붙지 않을 거고. 에이, 널 바래다주는 게 아니었어."

'과거 지향형'인 사람의 특징은 자신의 과거에 구속되어 '그렇게 했더라면 좋았을걸', '이렇게 하는 게 좋았는데'라는 후회로 머릿속이 꽉 차 있다.

결국 미래를 개척해 가지 않으면 안 되는 현재, 자신이 해야 하는 행동을 잊고 만다.

'후회'라는 감정은 인생을 불행하게 만든다

이 '후회'라는 감정에는 인생을 불행하게 만드는 세 가지 요소가 포함되어 있다. 다음을 보자.

① 후회해도 소용없는 과거를 재생하여 심리적 고통을 다시 체험한다

방금 전 데이트의 예를 보자. 애인과 즐겁게 차를 운전해서 가고 있는데 뒤에서 '삐~뽀, 삐~뽀, 삐~뽀' 하며 매우 소란스러운 사이렌 소리가 들렸다. 게다가 경찰차에 탄 경찰관이 확성기를 통해 큰소리로,

"앞에 가는 흰색 자동차, 방향등을 오른쪽으로 깜빡이고 우측에 멈추세요."

라고 말하는 것이다. 바로 그때 들리는 목소리의 크기와 악센트가 그대로 머릿속에서 재현된다.

그리고 이때 가슴이 철렁 내려앉는 듯한 쇼크를 받는다.

'이크, 큰일이다! 속도위반으로 잡혔네!'

난감한 기분이 들면서 주위에 있는 사람들이 경멸의 눈총을 쏘

아대는 것처럼 느낀다. 차가운 눈초리를 견디고 있는 자신의 모습이 머릿속에 떠오르면서 다시금 고통을 맛보게 되는 것이다.

② 행복해야 할 현재라는 중요한 시간을 스스로 포기한다

심리적 고통을 다시 체험함으로써 실제로는 행복해야 할 현재의 시간을 엉망으로 만들어버린다.

속도위반으로 붙잡힌 심리적 고통을 맛봄으로써, "에이, 널 바래다주는 게 아니었어."라는 쓸데없는 말이 튀어나오고 만다.

본래대로라면 즐거운 데이트가 계기가 되어 두 사람의 관계는 더 깊어져야 한다. 그러나 그렇기는커녕 현재 그녀와의 사이는 완전히 금이 가고 말게 된다.

③ 소중한 미래를 막아버린다

이런 부주의한 말 한마디가 행복한 현재를 엉망으로 만들어버림으로써 미래의 행복을 막는 결과를 초래하였다.

본래대로라면 이 연인들은 사랑을 소중히 잘 키워 가까운 시일에 결혼할 사이였다. 그러나 행복한 가정을 꾸릴 수 있었던 인생을 스스로 포기하는 꼴이 되고 만다.

말을 잘 못 하는 성격이 긴장감을 불러일으켰고, 그 긴장감으로 인해 만들어진 과거 지향적인 사고방식이 소극적인 인간을 낳

는 결과가 되었다. 그것이 원인으로 작용하여 나쁜 인과관계가 많이 발생된다.

　소극적인 사람의 일반적인 특징은 어둡고 침울하고 우유부단하며 자신의 판단으로 행동하지 못한다는 것이다. 사물을 부정적이고 비관적으로 바라보고, 실패했을 때의 일만 생각한다. 그렇기 때문에 업무에서는 성과가 오르지 않고, 실패가 많아 고생이 끊이질 않는다. 이렇다면 살아가는 즐거움이 절반 이상으로 줄어들어 버린다.

사람들 앞에서 긴장한다는 사실만으로도 자신의 인생에 이런 부정적인 영향을 크게 끼친다는 사실이다. 바꿔 말해 긴장감을 억누르고 적극적인 인간이 될 수 있다면 자신의 인생을 건설적인 방향으로 이끌어갈 수 있게 될 것이다.

미래 지향형은 긴장감을 대수롭지 않게 여긴다

실패는 미래의 행복을 위한 과정이다

　사람들 앞에서 긴장하는 것에 공포를 느끼는 것 자체가 자신도 모르는 사이에 스스로를 소극적인 인간으로 만든다고 말했다. 이 모든 것의 뿌리인 긴장감을 억제하는 방법은 의식적으로라도 자신의 성격을 바꾸는 것이다.

　적극적인 인간의 장점은 단순히 긴장감을 억누르는 데 있지 않고 자신의 인생을 개척하려는 미래 지향형이라는 점이다.

　적극적인 인간은 비록 한 가지 일에 실패하더라도 그것을 순순히 인정하고 반성한다. 그리고 거기서 얻은 교훈을 현재와 미래의 행복을 위해 살려 나간다. 즉, 현재와 내일을 위해 오늘을 사는 행동자인 것이다.

적극적인 인간 → 반성 → 미래지향형 → 미래를 개척한다

일에 임하는 타입 세 가지

일에 임하는 일반 직장인들의 자세는 다음의 세 가지 타입으로 나뉜다.

① 타락형

"아침부터 핀잔이나 주고! 그렇게 내가 싫으면 이까짓 회사 때려치우면 되잖아. 게다가 어린애도 할 수 있는 그런 일 따윈 해봤자 의욕도 생기지 않는다고. 내 능력도 마음껏 발휘할 수 있게 해주지 못하는 무능한 상사 밑에선 꿈이고 희망이고 아무 것도 없어!"

이렇게 매일같이 상사나 회사의 험담을 늘어놓으면서 주어진 일도 제대로 처리하지 못하는 사원이 있다. 이런 타입은 스스로 타락과 파멸을 향해 행동한다.

이렇게 흐리멍덩한 사원은, "어떻게 저런 놈이 우리 회사에 들

어온 거야?"라는 말을 듣게 되는데, 이런 사람은 어느 회사에나 2~3% 정도는 있다.

② 현상유지형

주어진 일은 하는 타입이다. 무슨 일이든 현상유지만 생각하기 때문에 새로운 일에 대한 의욕을 보이지 않는다.

"주어진 일을 하는 것은 사원의 의무이다"라고 말하는 것은 당연하다. 뒤집어 말하면, 그 이상의 일은 생각하지 않는 타입이기 때문에 일에 대한 주체성이 없다. 소위 '쉬지 않고, 늦지 않고, 일하지 않는다'라는 전형적인 샐러리맨 타입이다.

이는 전체의 92~93%로, 거의 대부분의 사람들이 이 타입에 속한다.

③ 적극형

이것은 자신의 일을 만들어 나가는 타입이다.

'이렇게 하면 될까? 좀 더 효과적인 방법이 있지 않을까?' 하며 항상 자신의 일에 문제의식을 갖고 미래에 대해 생각한다. 자신이 나아가야 할 길을 개척해 가는 타입이기 때문에 적극형이라고 한다.

이는 전체의 4~5%로, 소위 사내의 엘리트라 불리는 사람들이

이에 속한다.

당신은 이 세 가지 가운데 어느 타입에 속하는가?

소극적인 인간은 과거 지향형이라고 말하였다. 그러나 당신은 아마도, '난 소극적인 사람이 아니야'라고 생각할 것이다.

행복과 성공을 붙잡으려면

사실 소극적인 인간이란 에너지가 부족한 사람이다. 무슨 일을 하건 일에 임하는 자세는 늘 현상유지형이다. 샐러리맨의 92~93%의 사람이 이 타입에 들어간다.

여러분은 자신의 행복과 성공을 거머쥘 수 있는 열쇠가 무엇이라고 생각하는가? 그것은 항상 적극적으로 사물을 생각하고, 스스로 일을 만들어 나가는 자세일 것이다.

다수의 소극적인 사람들과 똑같이 일하면서 자신의 인생을 개척하고 많은 행복과 성공을 거머쥔다는 것은 있을 수 없다. 다른 사람보다 많은 수입을 올리고, 다른 사람보다 많은 행복과 성공을 거머쥐려면 스스로 적극적인 인간이 되어야 한다.

오로지 한 번뿐인 인생은 돌이킬 수도 없고 다시 살 수도 없다. '인생은 자신과의 혹독한 싸움'인 것이다. 싸움에 반드시 이길 각오로 진지하게 맞서고 싶다는 생각이 들지 않는가?

이런 적극적인 자세가 긴장감을 누르고 자신의 의견을 당당히 말할 수 있는 자신감으로 이어질 것이다.

누구나 성격을
바꿀 수 있다

적극적 인간이 되기 위해 성격을 바꾸라

화법을 공부한다고 하면 '세 치 혀끝의 테크닉을 위한 공부'라고 생각하는 사람이 의외로 많다. 그러나 이는 크게 잘못된 생각이다.

화법교실을 졸업한 수강생들은 자주 이런 이야기를 한다.

"화법교실은 말하기 기술만 가르치는 곳이라고 생각했는데, 전혀 생각지도 못했던 것에 대한 사고방식이나 삶의 방식까지 가르쳐주어서 너무 좋았습니다."

우리가 말을 하게 되면 모든 인격이 자연스럽게 드러난다. 따라서 적극적인 인간은 항상 긍정적이고 적극적인 화법을 사용하며, 긍정적인 말을 많이 쓴다. 반대로 소극적인 인간은 부정적인 화술을 사용하고 부정적인 말을 많이 쓴다.

이런 말하기 습관들로 인해 사람들이 좋아할 수도 있고 싫어할 수도 있는 사람이 되는 것이다. 다시 말해 당신의 이야기가 듣는 사람들에게 받아들여질지 거부될지 판단된다는 말이다.

이미 알고 있듯이 화법공부의 기본은 적극적인 인간이 되기 위한 성격개조에 있다.

적극적인 인간은 항상 당당하고 활기차다. 또한 큰 목소리로 말하고 의욕이 담겨 있는 눈은 광채가 나며 사물에 적극적인 자세를 보인다. 이러한 자세는 많은 사람들에게 호감을 주게 되어 사랑을 받는다. 이런 사람은 병도 잘 걸리지 않고 고민할 일도 없어진다. 사람들 앞에 나서도 긴장을 덜 하기 때문에 당당하게 이야기할 수 있게 된다.

그런데, 성격을 바꿀 수 있을까?

인생의 성공과 행복을 확실하게 거머쥘 수 있는 열쇠가 무엇인지 아는가? 소극적인 인간이 적극적으로 성격을 바꾸고, 긴장감을 극복한 후 자신의 생각을 다른 사람들에게 조리 있게 전달해 가는 것이다.

'그렇게 말하는 것은 쉬워도 천성적으로 타고난 인간의 성격이란 게 그리 간단히 바뀌는 것이 아니다'라고 생각하는 사람이 많을 것이다.

성격이라는 한마디 말로 쉽게 말하지만, 성격에도 여러 종류가 있다. 자신의 능력으로 바꿀 수 있는 것과 거의 바꾸지 못하는 것이 있다는 말이다.

다음에 소개할 '기질'과 '천성'은 "세 살 버릇 여든까지 간다"는 말처럼 후천적으로 바꾸는 것이 거의 불가능에 가깝다.

① 기질

성격의 토대가 되는 것은 '기질'이다. 이것은 '마음씨'라고도 한다. 이 '기질'은 부모로부터 물려받은 유전적인 것이다.

② 천성

생후 2~3세에 결정되는 것이 천성이다. 천성이 괴팍하다거나 온화하다고 말하고는 하는데, 보통 2~3세 때의 생활환경에 의해 결정된다. 같은 형제라도 장남과 차남, 막내가 서로 다르듯이 말이다.

자신의 노력 여하에 따라 변할 수 있는 것은 다음의 '역할적 성격'과 '습관적 성격'의 두 가지다.

① 역할적 성격

역할적 성격이란 일의 역할에 따라 그것답게 행동하는 성격을 말한다.

씨름선수도 대전을 거쳐 천하장사에 오르면 천하장사다운 품격이 느껴진다. 어느 새부터인가 말과 행동에 천하장사로서의 관록이 묻어 나오게 된다.

이는 회사에서도 마찬가지이다. 과장으로 승진하면 주위에서는, "그 녀석이 과장이 됐다고? 과장 그릇이 못 되는데!"라며 험담을 늘어놓는다.

하지만 어느새 그는 과장으로서의 언동과 사고방식을 가지고 있다. 이는 본인이 과장이 된 자신의 입장을 자각함으로써 그에 걸맞은 품격을 갖추었기 때문이다.

화법공부는 자기표현을 연마함과 동시에 리더십을 기르는 것이다. 좋은 인간관계를 넓혀 주위 사람들과의 신뢰관계를 튼튼하게 다지는 것이다.

리더로서의 입장이 언제부턴가 자신의 성격까지도 바꿔놓는다.

② 습관적 성격

매일매일 습관을 들이면 지금까지 자신에게 없었던 성격이 형성된다.

습관적 성격은 가정생활, 학교생활, 교우관계, 직장에서의 활동 등 자신을 둘러싼 환경이나 관습에 의해 생기는 성격이다.

긴장하는 성격을 가진 사람은 사람들 앞에서 창피 당하는 것을 두려워하여 계속 타인의 시선을 피한다. 이와 같은 습관이 언제부터인가 어두운 표정, 나쁜 자세, 내리뜬 시선, 총기 없는 눈, 작은 목소리를 만들어낸다. 항상 주춤대고 안정감이 없는 태도를 보인다.

이런 태도를 가진 사람을 사람들이 좋아할 리 없으며, 고독한 인생을 자신의 손으로 만드는 꼴이 되는 것이다.

성격이 바뀌면 인생도 바뀐다

'취직 빙하기'라고 일컬어진 지 오래 되었지만, 이런 불황 속에서도 기업은 인재 보강을 해나가지 않으면 안 된다. 어느 기업이든 신입사원 채용기준은 예의바르고 밝고 적극적이며 협동심 있는 사람에게 초점을 맞추고 있다.

예의나 말씨를 익히고 적극적인 성격인 사람들이 취직률이 좋을 수밖에 없다.

"좋은 습관은 좋은 결과를 낳는다"는 말이 있는 것처럼 화법 교실에서는 밝은 표정, 올바른 자세, 적극적인 인사, 밝고 큰 목소리로 생기 있게 이야기하기 등을 배움으로써 성격개조에 관한 기준을 한 달 안에 습득하도록 지도한다. 이러한 것들을 습관들임으로써 오랜 세월 동안 몸에 배어 있던 소극적인 껍질을 깨기 위한 것이다.

새롭게 배워가는 것을 처음에는 고통스럽게 여기는 사람들도 있다. 하지만 수강생 전원이 같은 목표에 매달리기 때문에 금방 적응한다. 노력을 계속하면 그동안 고통스러웠던 일도 자연스런 일로 변하게 되고 나아가서는 자신의 이야기에 큰 자신감이 생겨 설득력도 갖추게 된다.

이것은 조회에서나 회의에서도 마찬가지이다. 이야기가 약간 빗나가더라도 결국은 목소리가 당당한 사람의 의견을 인정하게 된다. 텔레비전에서 정치가들이 벌이는 좌담회를 보고 있으면 정말로 소란스럽다. 다른 사람이 의견을 한창 말하고 있는 와중에도 옆에서 큰 소리로 끼어든다. 그러면 모두 목소리 큰 사람의 의견을 들으려는 자세를 취하게 되어버리는 것이다.

정치란 모름지기 어디를 가더라도 큰 목소리로 이야기해야 한다. 그런 태도에서 자신감에 찬 성격이 만들어지게 된다. 그야

말로 좋은 습관이 좋은 결과를 낳은 것이다.

이렇게 습관이 바뀌면 사고방식도 성격도 화법도, 그리고 인생까지도 변하게 된다.

여러분은 지금까지 자신이 했던 화법, 사람들 앞에서 긴장하는 성격 등을 잘 분석해 보기 바란다. 자신은 지금까지 어떤 식으로 긴장하였는지, 원인은 어디에 있었는지 말이다.

그 원인에 맞춰 이제까지 말한 구체적인 개선방법을 즉각 실행에 옮기고, 그리고 이것을 습관화하는 것이 중요하다.

성공이란 노력의 결과이다. 내일을 향해 눈을 반짝이며 가능성에 도전하는 사람이야말로 성공과 행복을 거머쥘 권리를 갖고 있다는 사실을 잊지 말아야겠다.

남 앞에서 떨지 않고
말하게 해주는 책

초판 1쇄 발행 · 2002년 8월 25일
개정 1쇄 발행 · 2017년 9월 20일
개정 2쇄 발행 · 2018년 5월 28일

지은이 · 카나이 히데유키
옮긴이 · 최현숙
펴낸이 · 이종문(李從聞)
펴낸곳 · 국일미디어

등록 · 제406-2005-000025호
주소 · 경기도 파주시 광인사길 121 파주출판문화정보산업단지(문발동)
영업부 · Tel 031)955-6050 | Fax 031)955-6051
편집부 · Tel 031)955-6070 | Fax 031)955-6071

평생전화번호·0502-237-9101~3

홈페이지·www.ekugil.com
블로그·blog.naver.com/kugilmedia
페이스북·www.facebook.com/kugillife
E-mail·kugil@ekugil.com

· 값은 표지 뒷면에 표기되어 있습니다.
· 잘못된 책은 바꾸어 드립니다.

ISBN 978-89-7425-638-8(03320)